Wilhelm Vossenkuhl

Philosophie für die Westentasche

Wilhelm Vossenkuhl

Philosophie für die Westentasche

Mit 7 Abbildungen

Piper
München · Zürich

In derselben Reihe liegen vor:

Wissenschaft für die Westentasche
von John Gribbin

Mathematik für die Westentasche
von Albrecht Beutelspacher

Statistik für die Westentasche
von Walter Krämer

Kosmologie für die Westentasche
von Rudolf Kippenhahn

Physik für die Westentasche
von Harald Lesch und dem Quot-Team

ISBN 3-492-04655-X

Umschlaggestaltung: Büro Jorge Schmidt, München
Umschlagabbildung: Corbis, Düsseldorf
Gesamtherstellung: Kösel, Krugzell
Printed in Germany

www.piper.de

Inhalt

Vorwort

Ziel dieses schmalen Bandes ist es, seine Leserinnen und Leser anzuleiten, selbst über die Fragen nachzudenken, die sich ihnen in ihrem eigenen Leben stellen. Es liegt nahe, bei einer solchen Anleitung philosophische Hilfe in Anspruch zu nehmen. Denn die Philosophie findet und fand zu allen Zeiten die meisten und wohl auch die wichtigsten ihrer Fragen im menschlichen Leben. Die Antworten, die sie im Laufe ihrer Geschichte gegeben hat, sind zu jeder einzelnen Frage vielfältig, nicht selten gegensätzlich. Ihre Antworten sind, wenn sie einen verständlichen Sinn haben, nie Erfindungen. Sie decken lediglich etwas auf, was viele Menschen schon wußten oder wissen, ohne es selbst sagen zu können. Deswegen kann dieser Band mit den wenigen Fragen, die er aufgreift, auf die in der Philosophie übliche Weise der Einübung zum Selbstdenken dienen.

Es handelt sich um keine Einführung in das Fach Philosophie. Daher fehlen die fachlichen Stichwörter, die großen Problementwürfe und die Namen von philosophischen Autoren und Epochen. Es kann aber nicht anders sein, als daß sich viele der Gedankengänge, die unter den einzelnen Überschriften entwickelt werden, älteren und jüngeren philosophischen Quellen verdanken, die dem Autor in Fleisch und Blut übergegangen sind und schließlich zu seinen eigenen wurden. Wo die Gedankengänge unzertrennlich mit Namen verbunden sind, werden sie auch genannt.

Niemand würde annehmen, nur Mathematiker könnten rechnen. Ebenso abwegig wäre die Vermutung, nur Philosophen könnten denken. Wenn ich eine Anleitung zum Selbstdenken geben will, setze ich nicht voraus, daß Sie als Leserinnen und Leser nicht selbst denken können. Im Gegenteil, es hätte gar keinen Sinn, Sie anleiten zu wollen, wenn ich nicht Ihre eigene Denkfähigkeit voraussetzen würde. Ich will Sie auf einer Landkarte voller Fragen an Orte führen, auf die Sie bisher vielleicht nicht aufmerksam wurden oder keinen besonderen Wert legten. Die Idee dazu entstand bei der Vorbereitung einer Sendereihe über Philosophie des Senders BR-alpha des Bayerischen Rundfunks.

Wenn man etwas einübt, was einem wichtig ist und was man am Ende selbst tun kann, kann man Freude daran haben. Beim Selbstdenken ist das nicht anders als beim Tennis oder Fußball. Bei all diesen Aktivitäten kommt die Freude mit der Bewegung, selbst wenn sie nur im Kopf ist. Es ist vielleicht vermessen, wenn ich Ihnen und mir selbst wünsche, daß Sie beim Lesen Freude am Selbstdenken finden.

München, Juni 2004 — Wilhelm Vossenkuhl

Freiheit

Haben wir einen freien Willen?

Wir Menschen sind eigensinnig. Wir wollen zwar häufig genau das, was andere wollen, aber eher selten das, was andere von uns wollen. Dann rutscht uns der erste Hauptsatz des Eigensinns heraus: „Ich kann machen, was ich will!" Im Klartext heißt das, „Ich will nicht" oder „Ich mach das, was ich will, und nicht das, was du willst". Natürlich klingt das wie eine Trotzreaktion, aber es kann auch ganz ernst gemeint und gut begründet sein. Eigensinn ist nichts Schlechtes. Wir haben doch schließlich einen freien Willen, oder nicht?

Was aber bedeutet eigentlich „freier Wille"? Daß wir machen können, was wir wollen? In gewisser Weise schon. Aber es kommt auf dreierlei an: *Wie* wir etwas wollen, *was* wir wollen und *ob wir können,* was wir wollen. Es gibt Leute, die auf den Mond fliegen wollen. Sie werden es nur nicht können, jedenfalls nicht allein. Für die Entscheidung darüber, ob wir einen freien Willen haben, ist das, was wir auch bei größter Anstrengung und mit vereinten Kräften nicht können, völlig belanglos. Deswegen gehen wir hier bei unseren Überlegungen davon aus, daß jemand das, was er will, auch kann, ob nun mit oder ohne Hilfe. Was er will und nicht kann, interessiert nicht. So müssen wir nur noch darauf achten, *wie* jemand etwas will und *was* er will.

Nehmen wir ein Beispiel. Oskar, ein junger Mann, hat es eilig. Er ist spät dran. Die Ampel steht auf Rot. Er ist ungeduldig. Es kommt kein Auto, er eilt über die Straße. Dem Polizisten gefällt das gar nicht. Oskar meint, wenn nichts kommt, kann ich doch rüber. Er glaubt, er sei in so einem Fall frei, das zu tun, was er für richtig hält. Die Betonung liegt hier auf dem, *was* Oskar will. Er meint, daß er die Wahl hat, rüberzugehen oder nicht, und dann geht er eben rüber. Die Wahl hat er sicher, egal was der Polizist meint. Heißt das, Oskars freier Wille besteht darin, daß er wählen kann, bei Rot über die Straße zu gehen oder nicht?

Tatsächlich glauben viele, der freie Wille bestehe darin, daß man wählen kann, etwas zu tun oder zu lassen. Man nennt das „Wahlfreiheit". Es geht dabei vor allem darum, was man aus einer Menge von Alternativen wählen kann. Auf den ersten Blick leuchtet ein, daß der freie Wille das ist, was „Wahlfreiheit" bedeutet. Ob das auch richtig ist, müssen wir aber noch prüfen. Bleiben wir noch etwas bei Oskar. Vielleicht trinkt er gern Bier. Die Freiheit des Biertrinkers besteht doch wohl darin, entweder noch ein Bier zu trinken oder nicht. Heißt das, Wahlfreiheit sei das, was wir mit dem „freien Willen" meinen?

Nein, damit können wir nicht zufrieden sein. Der freie Wille kann nicht nur darin bestehen zu wählen, ob man etwas tut oder läßt. Warum? Zunächst einmal sagt die Wahlfreiheit nur etwas darüber aus, *was* man wollen kann, und nichts darüber, *wie* man es wollen kann. Beim Wie des Wollens geht es um die Art und Weise dieser besonderen Aktivität, die wir „Wollen" nennen. Wir möchten doch genau wissen, was diese Aktivität, im Falle Oskars die Wahl des nächsten Biers, beeinflußt. Es kann doch sein, daß Oskar nicht immer das will, was er tut. Er würde z.B. lieber nicht bei Rot über die Straße gehen, tut es aber es doch, weil er nicht zu spät ins Büro kommen will, und das will er nur, weil er keinen Ärger mit seinem Chef haben will. Und es kann auch sein, daß er mit seinen Freunden lieber noch ein Bier trinken würde, darauf aber verzichtet, weil er am nächsten Tag rechtzeitig im Büro sein will. Wer wie Oskar so unter Streß steht, daß er auf das verzichtet, was er lieber will, tut sicher häufig nicht, was er will, und hat überhaupt Schwierigkeiten mit dem Wollen. Die Art und Weise, wie er etwas will, ist von allen möglichen Dingen und Konditionen beeinflußt, vom Willen seines Chefs und dem, was andere wollen. Hat Oskar einen freien Willen?

Würde es nur darum gehen, was er will, wäre das kein Problem für Oskars freien Willen. Wenn es aber auch darum geht, wie er das will, was er tut, sieht es anders aus. Eine Wahl treffen zu können genügt für den freien Willen nicht. Wählen zu können zwischen Tun und Lassen ist zwar ein Ausdruck von Freiheit, aber vom freien Willen erwarten wir mehr. Es geht vor allem auch um das Wie des Wollens, nicht nur um das Was. Vielleicht paßt Oskar seine ganze Lebenslage nicht und er würde am liebsten beruflich etwas ganz anderes machen. Nur die Wahl zwischen Tun und Lassen zu haben und nur ja oder nein zum einen oder anderen sagen zu können, ist zu passiv. Wo bleibt die Freiheit als aktive Kraft? Oskar vermutet ganz richtig, wenn er einen freien Willen hat, dann muß er mehr wollen können, als nur zwischen dem einen oder anderen zu wählen.

Willensfreiheit ist ein großes Wort, und wir verstehen darunter eine Menge mehr, als nur die freie Wahl zwischen Alternativen zu haben. Wenn ein Mensch wirklich einen freien Willen hat, kommt es darauf an, *wie* er etwas will. Unterliegt er dabei äußeren Einflüssen oder nicht? Er sollte in der Lage sein, das, was er will, aus eigener Kraft, aus eigenem Antrieb und ohne Einflüsse von außen zu wollen. Da sollte nicht der Chef oder sonst jemand im Hinterkopf rumoren und das, was er eigentlich will, verhindern. Es geht also darum, wie er das, was er allein will, wollen und erreichen kann, und nicht mehr darum, ob es Alternativen gibt. Oskar als alleinige Ursache seines Willens, das ist es, was wir mit dem *Wie* des Wollens meinen. Das würde bedeuten, daß jedes Ziel, das Oskar mit seinem freien Willen anstrebt, ausschließlich ein Produkt seines eigenen Willens ist.

Zumindest bei Oskar sieht es danach aus, als ob er das nur aus Frustration will. Frustration ist aber ein ziemlich heftiger äußerer Einfluß. Von unbeeinflußt kann da keine Rede sein. Was wäre ein Beispiel für eine unbeeinflußte Ersterzeugung von irgend etwas durch den eigenen Willen? Natürlich gibt es viele Dinge, z.B. künstlerische Leistungen, die eine einzige Person ganz allein aus eigener

Kraft erbracht hat. Künstlerinnen und Künstler wären also Beispiele für Personen mit freiem Willen. Den Eindruck kann man auch bei vielen Kunstwerken haben. „So etwas könnte ich nicht einmal, wenn ich es wollte", werden manche sagen. Aber das ist mit dem Toreschießen im Fußball und vielen anderen Dingen auch so. Außerdem wird auch eine bildende Künstlerin oder ein Ballkünstler das, was sie tun, nicht immer ganz unbeeinflußt tun. Sie tun es, weil sie es gelernt haben und weil sie Geld verdienen müssen oder weil sie so berühmt wie Picasso oder Beckenbauer werden wollen. Dann ist also auch der freie Wille der Künstlerin und des Fußballers kein Ersterzeugnis. Wie sollte es auch anders sein? Künstler oder Fußballer zu werden will gelernt sein, und das geht nicht ohne Vorbild und sehr viel Eifer.

Den Anspruch, etwas ganz unbeeinflußt und in diesem Sinn frei wollen zu können, sollten wir vergessen. Es muß uns niemand drängen, es reicht, wenn wir das selbst tun, weil wir z.B. alle anderen übertreffen und etwas ganz besonders gut machen wollen. Es gibt viele Leute, die ihren eigenen Willen haben und auf keinen Fall das wollen, was irgend jemand sonst will. Aber sind sie deswegen völlig unbeeinflußt? Sicher nicht. Hätten wir nur dann einen freien Willen, wenn jeder die alleinige Ursache dessen sein müßte, was er oder sie will, gäbe es ihn nicht. Wir alle lernen im Laufe unseres Lebens, was wir wollen können. *Wollen ist auch nur ein Können,* das gelernt sein will. Wir schauen uns dieses hier und jenes dort ab und sind damit vielleicht ganz erfolgreich. Frei sind wir dabei aber nur insoweit, als wir das, was wir wollen, gut gelernt haben. Den freien Willen als Geburtsbeigabe und als Kraft zur Ersterzeugung von irgend etwas gibt es nicht. Wir sind mit dem, was wir mühselig gelernt haben, vom Sprechen über das Lesen und Schreiben bis zum Rechnen frei genug, um das aus uns zu machen, was wir wollen. Es gilt die Binsenweisheit, daß wir eben nicht freier sind, als wir können. Und so weit wir können, haben wir einen freien Willen. Wir sind frei in den Grenzen unseres Könnens.

Wie frei können wir sein?

An Oskars Beispiel haben wir gesehen, daß es zu wenig ist, nur die Wahl zwischen der einen oder anderen Alternative zu haben, zwischen kostenpflichtiger Verwarnung und Anpfiff vom Chef. Sicher hätte Oskar früher aufstehen können. Auch da hatte er schon die Wahl. Aber warum soll er früher aufstehen, wenn er mit seinem Leben ganz und gar unzufrieden ist und es am liebsten völlig ändern würde? Wenn er das schafft, ist dies ein Nachweis, ja ein Triumph seines freien Willens. Kann Oskar denn so frei sein, dies zu wollen? Auf jeden Fall braucht er eine *Chance*, das aus sich zu machen, was er will. Wenn er die nicht bekommt, hilft ihm auch sein Wille nicht. Das andere ist sein *eigenes Können.* Wenn Oskar auch bei größter Anstrengung seine Chance nicht nutzen kann, muß er sich in sich selbst und seinem Können am Ende doch getäuscht haben. Es gibt also zwei negative Bedingungen, unter denen Oskar scheitern kann: das *Fehlen einer Chance* und die *eigene Selbsttäuschung* oder *Selbstüberschätzung.* Wenn er aber die Chance bekommt und sich über sich und sein Können nicht täuscht, hat er die Freiheit, der zu werden, der er sein will.

Der Triumph des freien Willens hängt in jedem Fall von diesen beiden Bedingungen ab, von denen eine nicht unbedingt etwas mit Oskars Können zu tun hat. Schließlich bekommt nicht jeder die Chance, die er mit seinem Können verdient. Das ist nicht nur schade, sondern für manchen ein Grund zur Verzweiflung. Wenn jemand über das Können verfügt, mehr aus sich zu machen, und die Chance dazu bekommt, kann aber immer noch alles schiefgehen. Zum *Können* und der *Chance* muß noch das *Glück* hinzukommen. Es geht hier um das Glück, das man im Spiel braucht, also um das, was der Engländer „luck" und der Lateiner „fortuna" nennt. Schließlich braucht man Glück, um nicht krank zu werden, um nicht zu verunglücken, aber auch um mit seinen Mitmenschen gut auszukommen, genügend Verständnis bei den Kollegen zu finden etc.

Wenn man dies alles so recht bedenkt, wird man doch eher bescheiden und realistisch. Von einem Triumph des freien Willens kann wohl kaum die Rede sein, wenn man Chancen und Glück braucht, um das aus sich machen zu können, was man kann. Das Wort „Können" ist offenbar doppeldeutig. Es genügt nicht, daß Oskar wirklich etwas kann, befähigt und in der Lage ist, mehr aus sich zu machen. Sein eigenes Können, seine Befähigung ist nur die halbe Grundlage zum Erfolg. Er muß sein Können auch verwirklichen können. Dazu braucht er eine Chance, und er muß Glück haben. Dieses *zweite Können,* die Chance und das Glück zu haben, muß zum *ersten Können* hinzukommen, sonst kann er nicht das erreichen, wozu er in der Lage ist. Was würde Oskar sein Können nützen, wenn er zwar eine Chance, aber kein Glück hat? Oder umgekehrt? Oder wenn ihm gar beides fehlt?

Genügt es nicht einfach zu wollen und zu können? Nein. Freiheit ist nichts Individuelles, nichts, was allein durch mich bestimmt wird. Ich brauche zwar mein eigenes Wollen und Können, aber eben auch den Freiraum, in dem ich mein Wollen und Können ausbreiten und entfalten kann. Freiheit ist auch etwas Soziales, etwas, das nicht nur die anderen Menschen angeht, sondern auch von ihnen und den Bedingungen, die eine Gesellschaft bietet, bestimmt wird. Wenn ein Staat keine Freiheitsrechte garantiert, wenn ich nicht den Beruf wählen kann, den ich will, dahin reisen darf, wohin ich will, kann ich nur von Freiheit träumen. Dann bin ich nicht wirklich frei.

Die Freiheit lediglich in den Grenzen des eigenen Könnens zu definieren ist also zu eng gefaßt, weil das den Eindruck erweckt, wer genügend kann, ist auch frei. Sicher ist das eigene Können eine Bedingung der Freiheit, aber die Bedingungen, unter denen wir leben, ebenfalls. Freiheitsrechte, Menschenrechte, Bürgerrechte, Arbeit und Brot, all das sind Bedingungen und Grenzen unserer Freiheit. Was nützt dem Arbeitslosen sein Können, wenn er keine Arbeit findet? Die Befähigungen, die wir erlernen müssen, um frei sein zu können, sind unersetzlich. Die politischen, wirtschaftlichen und rechtlichen Bedingungen, die es uns erlauben, das zu verwirklichen, was wir wollen und können, sind nicht weniger unersetzlich. Das dürfen wir nicht vergessen, wenn wir darüber nachdenken, wie frei wir Menschen sein können.

Ist Freiheit eine Illusion?

Es ist noch nicht allzulange her, da entdeckten Hirnforscher und Psychologen etwas Merkwürdiges: Kurz bevor wir z. B. den Zeigefinger bewegen wollen, baut sich in unserem Gehirn ein Potential auf, das den Bewegungsapparat auf diese Bewegung vorbereitet. Nun gab es schon immer ungewollte nervöse Zuckungen, die etwas in Bewegung setzten, ohne daß wir das wollten. Das galt aber als eine Ausnahme oder Anzeichen eines Nervenleidens. Wenn sich unser Bewegungsapparat aber allgemein auf Bewegungen vorbereitet, bevor wir sie bewußt wollen, heißt das doch wohl, daß unser Tun und Lassen von Gesetzmäßigkeiten determiniert ist und nicht von uns selbst und unserem freien Willen bestimmt.

Das klingt dramatischer, als es ist. Allerdings zwingen uns solche Behauptungen, die Dinge geradezurücken. Das bedeutet erst einmal, falsche und überzogene Vorstellungen vom freien Willen aufzugeben. Viele meinen, der freie Wille sei die alleinige und erste Ursache für unser Tun und Lassen. Das ist falsch. Wenn der freie Wille als alleinige Ursache, die keine weiteren, früheren Voraussetzungen als sie selbst hat, zu verstehen wäre, hätten wir keinen freien Willen. Der Grund dafür ist einfach, daß unser Wille nur Ursache für etwas sein kann, was wir tun können, für alles andere aber nicht. Wir haben schon erfahren, daß dieses Können jeweils gelernt sein muß und nicht auf Wunsch oder Knopfdruck zur Verfügung steht. Es ist meist recht mühsam, etwas zu lernen, was wir dann wirklich gern und mit der Genugtuung, daß wir es auch können, tun wollen.

Wünschen allein hat noch nie geholfen, Können dagegen schon. Unser Oskar kann sich alles Mögliche wünschen, z.B. einen Sechser im Lotto und ein glückliches Leben. Er ist frei, sich das zu wünschen, trotzdem kann er diese Wünsche durch eigenes Wollen nicht verwirklichen. Oskars freier Wille reicht dazu nicht aus, weil weder er noch sonst jemand gelernt haben kann, durch bloßes Wünschen einen Sechser im Lotto und ein glückliches Leben zu haben. Zwischen diesen Wunschzielen gibt es aber einen wichtigen Unterschied. Wenn Oskar einen Sechser im Lotto hat, hatte er Glück. Das fiel ihm zu, obwohl es sehr unwahrscheinlich war. Dafür kann er nichts. Auch zum glücklichen Leben muß man Glück haben, aber nicht nur. Man kann etwas dafür tun. Man kann üben, glücklich zu sein, indem man sich darum bemüht, das zu erlernen, was man zu können wünscht. Dann wird es wahrscheinlicher, daß man ein glückliches Leben führen kann. Die Wahrscheinlichkeit eines glücklichen Lebens läßt sich also durchaus durch eigenes Können und Wollen beeinflussen, die Wahrscheinlichkeit des Glückhabens dagegen nicht. Wünschen hilft also immer dann, wenn das eigene Können dabei eine entscheidende Rolle spielt. Deswegen ist der Wunsch, ein glückliches Leben zu führen, ein guter Ansporn dafür, all das zu lernen, was man können will. Das sind vielleicht fremde Sprachen, sportliche Leistungen, Klavierspielen oder Mathematik. Nehmen wir an, Oskar hat all das gelernt und kann es auch, dann ist er frei, immer dann, wenn er will, das Erlernte auch auszuüben.

Es wäre töricht, von der Ausübung des Erlernten so zu sprechen, als wären wir davon determiniert und nicht frei. Im Gegenteil, nur durch unser Können sind wir frei. Das gilt auch für die Leistungen, die wir noch nie erbrachten und nicht einmal zu wollen wagten. Oskar muß als Klavierspieler nicht gleich so begnadet wie Mozart sein, um nach langem Üben endlich eine seiner Sonaten gut spielen zu können. Die Freiheit, die wir Menschen durch unser Lernen und Können erwerben, hat keine feste Grenze. Sicherlich dürfen wir nicht die Unterschiede in den Begabungen vergessen. Nicht jeder, der ein guter Klavierspieler sein will, ist dazu von der Begabung her befähigt. Wenn Begabung und fleißiges Bemühen aber eine glückliche, produktive Verbindung eingehen, ist die Skala des Könnens nach oben offen. Dann und nur dann hat Oskar auch die Freiheit, ein großer Musiker werden zu wollen.

Auch unser Bewegungsapparat muß lernen. Niemand kommt mit einem voll ausgebildeten neuronalen System auf die Welt. Gerade das menschliche Gehirn ist ein lernendes System, nicht nur ein System, mit dem man lernen kann. Die Nervenbahnen, die wir für bestimmte Leistungen aktivieren müssen, müssen dafür trainiert werden. Kein menschliches Organ ist lernfähiger als das Gehirn, und gleichzeitig leitet es alle unsere Lernprozesse, die geistigen wie die körperlichen. Wenn Oskar wirklich ein guter Klavierspieler werden will, muß sein Gehirn die Bewegung seiner Finger und Hände so eingeübt haben, daß er nicht mehr an die Fingersätze und die Bewegungen im einzelnen denken muß. Er muß nicht mehr bewußt wollen, was er alles kann, wenn er es ausübt. Dann hat Oskar die Freiheit erreicht, die den guten vom schlechten Klavierspieler unterscheidet. Die Bewegung seiner Finger ist dann von Oskars Bewußtsein nicht mehr abhängig, sonst könnte er gar nicht flüssig spielen. Er kann dann an Mozarts Komposition, an deren musikalische Struktur und die Ausdrucksmöglichkeiten denken, die das Stück erlaubt. Dann fängt seine Freiheit als Klavierspieler erst an, wenn er an die Körperbewegungen nicht mehr denken muß.

Freiheit und Verantwortung

Wir Menschen sind frei und deswegen auch für unser Tun und Lassen verantwortlich. Daran zweifelt niemand. Deswegen wird jemand, der eine Straftat beging, aber nicht wußte, was er tat, auch nicht bestraft. Frei sein heißt wissen, was man tut, und von niemandem zu seinem Tun gezwungen zu sein. Wenn jemand nicht frei ist, weil er nicht weiß, was er tut, oder von jemand anderem dazu gezwungen wird, ist er nur eingeschränkt oder gar nicht verantwortlich. Schwierigkeiten macht aber erst einmal die Tatsache, daß es nur selten möglich ist, zweifelsfrei nachzuweisen, daß ein gesunder, geistig normal begabter Mensch tatsächlich nicht wußte, was er tat. Einem Betrunkenen billigt ein Gericht vielleicht für seine Tat mildernde Umstände zu. Für seinen unmäßigen Alkoholgenuß ist er aber verantwortlich. Auch Suchtkranken wird selten die volle Verantwortung für ihr Tun zugeschrieben, aber auch für sie gilt, daß sie für den Weg in die Sucht verantwortlich sind. Gesunden, durch äußere Umstände nicht eingeschränkten, von niemandem gezwungenen Menschen wird jedoch gewöhnlich unterstellt, sie wüßten, was sie tun. Sie gelten als frei und voll verantwortlich, deswegen werden ihnen ihre Taten auch zugerechnet. Sie seien zurechnungsfähig, heißt es dann.

Der Zusammenhang zwischen Freiheit und Verantwortung ist aber nicht nur deswegen so schwierig, weil der Nachweis so schwer ist, daß eine Person wirklich für eine Tat frei war. Denn auch wenn nachgewiesen werden kann, daß eine Person nicht frei war, kann es sein, daß sie verantwortlich ist. Wir sind nämlich auch verantwortlich für Dinge, die wir unter Zwang tun. Verantwortung setzt nicht notwendig Freiheit voraus.

Nehmen wir an, Oskar sei in die Hände einer Verbrecherbande geraten, die ihn unter schlimmsten Drohungen dazu zwingen will, in ihrem Auftrag einen Mord zu begehen. Würde Oskar den Mord tatsächlich begehen, wäre er ohne Zweifel unfrei. Niemand ist frei, der unter eigener Lebensgefahr handelt. Das gilt für den Lebensretter, der sich selbst freiwillig in Lebensgefahr begibt, ebenso wie für den Mörder unter Zwang. Aus dieser Unfreiheit aber zu schließen, daß Oskar für den von ihm unter schwersten Drohungen vollzogenen Mord auch nicht verantwortlich sein würde, wäre falsch. Oskar ist zwar nicht dafür verantwortlich, daß er unfrei ist. Er ist aber für das verantwortlich, was er tut, und sei es unter Androhung von Gewalt.

Vielleicht erscheint uns das als zu hart. Könnte man Oskar nicht eine Art Notwehrrecht zubilligen und sagen, er rette mit allen ihm zu Gebote stehenden Mitteln sein eigenes Leben? Schließlich würde niemand Oskar einen Vorwurf daraus machen, wenn er in einer tatsächlichen Notwehrsituation einen Angreifer, der ihm nach dem Leben trachtet, töten würde. Auch in einer solchen Situation wäre Oskar nicht frei, sondern würde unter Zwang handeln. In diesem Fall, aber auch in dem eben beschriebenen Fall eines unter Lebensgefahr erzwungenen Mordauftrags würde Oskar durch das Töten eines anderen Menschen sein eigenes Leben retten. Entscheidend sind aber nicht die Parallelen der beiden Fälle, sondern die Unterschiede.

In der Notwehrsituation ist der Getötete schuld an seinem eigenen Tod. Sein Verhalten ist die Ursache dafür, daß Oskar bis zum Äußersten gehen mußte, um sich selbst zu retten. Dies ist beim Opfer eines Auftragsmordes nicht der Fall. Diese Person trachtet Oskar nicht nach dem Leben und trägt keine Schuld an Oskars Bedrohung. Schuld an seiner Bedrohung ist die Verbrecherbande, nicht sein unschuldiges Opfer. Deswegen handelt Oskar ihm gegenüber nicht in Notwehr und hat also keinen wirklichen Grund, die Person zu töten.

Die Rettung des eigenen Lebens rechtfertigt also nicht jede Tat. Wir sind nicht berechtigt, alles zu tun, was das eigene Leben rettet, koste es, was es wolle. Das eigene Leben ist nicht mehr wert als das Leben eines anderen. Deswegen kann Oskar auch nicht sein Leben gegen das eines anderen aufrechnen. Wenn er mit seinem Leben dafür bezahlen muß, wenn er den anderen nicht tötet, bleibt ihm nichts anderes übrig, als sich diesem Zwang zu widersetzen. Er muß sich gegen das größere Unrecht zur Wehr setzen, auch wenn es sein Leben kostet. Würde Oskar dem Zwang der Verbrecherbande nachgeben und zur Rettung des eigenen Lebens das unschuldige Opfer töten, wäre er zumindest im moralischen Sinn voll für seine Tat verantwortlich.

Es kann also durchaus so sein, daß ein Mensch unfrei und doch für sein Tun verantwortlich ist. Deswegen sollten wir aus der richtigen Behauptung, daß eine Person für ihr Tun verantwortlich ist, wenn sie frei ist, nicht schließen, daß sie nicht verantwortlich wäre, wenn sie nicht frei wäre. Verantwortung wird von Unfreiheit nicht ausgeschlossen.

Könnte es auch sein, daß jemand frei für sein Tun, aber dennoch nicht verantwortlich dafür ist? Ja, selbst dieser Fall ist denkbar, aber nur dann, wenn dieses Tun Folgen hat, welche die handelnde Person nicht übersehen konnte. Dann hat sie nach bestem Wissen und Gewissen und frei gehandelt, ohne für das verantwortlich zu sein, was aus ihrem Tun folgte. Denken wir nur an die Chemiker, die eine Substanz entwickelten, mit der man Metalle von Fetten reinigen kann, jene Fluorchlorkohlenwasserstoffe, besser bekannt unter der Bezeichnung FCKW. Keiner von ihnen konnte wissen oder auch nur ahnen, daß die Ozonschicht, die unsere Erde vor ultravioletter Strahlung schützt, durch die FCKWs bedroht werden könnte. Für nicht absehbare Nebenfolgen von Handlungen ist der Handelnde nicht verantwortlich, obwohl er frei handelte.

Wenn aber selbst dieser Fall denkbar ist, daß Freiheit nicht notwendig Verantwortung einschließt, müssen wir insgesamt sehr vorsichtig und umsichtig mit dem Zusammenhang zwischen Freiheit und Verantwortung umgehen. Das eine schließt das andere weder immer ein noch immer aus.

Niemand kann allein frei sein

Freiheit ist nicht nur ein Merkmal, das uns Menschen von allen anderen Lebewesen unterscheidet. Sie ist auch ein Anspruch, und zwar ein Anspruch an uns selbst und an unsere Lebensbedingungen. Deswegen ist Freiheit ein integraler Bestandteil aller demokratischen Verfassungen. Die Freiheit der Person sei unverletzlich, heißt es in unserem Grundgesetz. Jeder soll sich im Rahmen der Rechtsordnung frei entfalten können. Glaube, Gewissen, Meinung, Presse, Kunst, Wissenschaft und Forschung sind frei, sagt das Grundgesetz, natürlich immer im Rahmen der geltenden Rechtsordnung. Niemand darf seine Freiheit mißbrauchen, um anderen zu schaden und deren Freiheit einzuschränken. Auch der Staat darf die Freiheit des einzelnen nicht einschränken, es sei denn, er ist Soldat oder steht in einem besonderen dienstrechtlichen Verhältnis zum Staat. Mit dem Anspruch auf Freiheit sind also auch bestimmte Grenzen dieses Anspruchs verbunden.

Die Freiheitsrechte sind das Ergebnis einer opferreichen Geschichte, die lange vor der Französischen Revolution begann und noch nicht zu Ende ist. Die demokratischen Freiheiten sind keineswegs weltweit gesichert. Erst im 20. Jahrhundert setzte sich z. B. allmählich in Europa das Frauenwahlrecht durch. In vielen Ländern der Welt gibt es auch heute kein allgemeines Wahlrecht, geschweige denn ein Frauenwahlrecht. Auch in unserem Land ist in Sachen Freiheit nicht immer alles so klar, wie es scheint. Es ist häufig umstritten, wo die eigene Freiheit an die des anderen stößt, sie stört oder gar einschränkt.

Ähnlich unklar ist, wo die Grenzen der Verfügung über sich selbst und seinen eigenen Körper liegen. Niemand scheint etwa daran Anstoß zu nehmen, daß sich Extremsportler selbst gefährden. Die Selbstgefährdung durch Rauschmittel wird dagegen nicht toleriert. Dasselbe gilt für Doping, für leistungssteigernde, gesundheitsgefährdende Mittel, die den sportlichen Wettbewerb verzerren.

Die Grenzen der Freiheit sind zwar grob umrissen, aber eben nur grob. Außerdem enthalten die Grenzbestimmungen Widersprüche. Manchem wird nicht einleuchten, warum sich z. B. ein Extremsportler selbst gefährden darf, ein dopender Sportler dagegen nicht. Wir urteilen über die Risiken der Freiheit nicht nur auf der Basis von Recht und Gesetz, sondern auch auf der Grundlage von Wahrscheinlichkeiten, und diese Urteile sind ihrerseits nicht frei von Ungereimtheiten. Wir überwinden diese Ungereimtheiten aber meist mit unserem gesunden Menschenverstand.

Andere Widersprüche werden überhaupt erst von den Ansprüchen der individuellen Freiheit erzeugt. Sie werden zwar toleriert, können aber als kollektive Risiken eine Gesellschaft enorm belasten. Dann nagen sie an den Lebensbedingungen aller. Sollten z.B. die Raucher, überhaupt alle, die ihre Freiheit zum Preis gesundheitlicher Selbstschädigung auskosten, nicht für ihre selbstverursachten Schäden aufkommen? Sollte eine Gesellschaft nicht die Verursacher solcher Schäden zur Rechenschaft ziehen? Die Ansprüche der Freiheit sind durchaus mit individueller Selbstverantwortung verbunden. Umstritten ist nur, wie weit diese Verantwortung reicht.

Die Grenzen der individuellen Freiheit können aber nicht dort gezogen werden, wo die Selbstschädigung beginnt. Denn sonst wäre die Freiheit der Person ein leerer Anspruch. Ähnlich wie wir die Zugehörigkeit anderer zu einer Religion tolerieren sollten, auch wenn sie nicht die unsere ist, sollten wir auch die Raucher, die Extremsportler und andere Menschen tolerieren, die sich selbst gefährden. Allerdings hat eine Gesellschaft das Recht, ja sogar die Pflicht, die kollektiven Risiken möglichst gering zu halten. Das kann sie z.B. durch eine hohe Tabaksteuer, durch Geschwindigkeitsbegrenzungen auf Straßen oder durch höhere Versicherungsbeiträge für Menschen, die sich durch ihre Lebensweise selbst gefährden. Der Staat hat zum Schutz der Mehrheit die Pflicht, negative Anreize für Verhalten zu setzen, das die kollektiven Risiken erhöht. Aber auch diese Verpflichtung hat Grenzen. Nur negative Anreize, aber nicht Verbote sind mit der Freiheit des einzelnen vereinbar.

Eine Zurechnung aller individuell verursachten Risiken auf die Verursacher ist weder vernünftig durchführbar noch mit den Ansprüchen der Freiheit zu vereinen. Nur in einem Überwachungsstaat, der die individuellen Freiheiten mißachtet, wäre das möglich. Freiheit ohne Toleranz dem einzelnen gegenüber ist ebenso unmöglich wie Freiheit ohne Solidarität. Jeder einzelne braucht die Solidarität der anderen. Niemand kann allein für sich frei sein. Und niemand hat sich seine Freiheit selbst verdient oder gar erkämpft. Jeder braucht zu seiner eigenen Freiheit die Gemeinschaft der Freien in einem Staat. Deswegen sollten wir mit dem kostbaren Gut der Freiheit sorgsam umgehen und uns der Abhängigkeit von der Solidarität und Toleranz der anderen und der Gesellschaft insgesamt bewußt sein. Je mehr Menschen sich Freiheiten auf Kosten der anderen herausnehmen, desto stärker wird die Freiheit aller gefährdet. Freiheit verpflichtet dazu, die Solidarität der anderen nicht zu mißbrauchen. Es gibt Freiheit nur so lange, wie die meisten diese Verpflichtung einhalten.

Die Freiheit zum Tode

Der Suizid, die Selbsttötung, ist heute nicht mehr strafbar. Es ist aber dennoch fraglich, ob wir Menschen das Recht haben, uns selbst zu töten. Schließlich ist es umstritten, ob wir berechtigt sind, so radikal über uns selbst zu verfügen wie über ein Stück Eigentum, von dem wir uns trennen können. Was geschieht, wenn sich ein Mensch selbst tötet? Jeder, der dies aus Not und Verzweiflung tut, sagt nein zu sich und seinem Leben, aber auch nein zum Leben mit den anderen Menschen. Es ist ein Angriff auf sich selbst, der gleichzeitig der eigenen Freiheit ein Ende setzt. Wenn jemand durch andere in den Tod getrieben wurde oder mit seiner Selbsttötung einem qualvollen Tod oder gar der Ermordung zuvorkommt, ist dies sicher kein freier Akt. Niemand wird unter solchen Umständen diesen letzten Schritt gern oder als bewußten Ausdruck seiner Freiheit vollziehen. Jeder Mensch, der z.B. keinen anderen Ausweg aus einer unheilbaren, schweren Krankheit mehr sieht, als sich zu töten, wird Verständnis dafür finden, daß er sich zu diesem Akt der Verzweiflung entschloß. Es ist deswegen auch nicht verboten, einem Patienten, der seine ausweglose Lage mit diesem letzten Schritt beenden will, sich aber nicht selbst töten kann, dabei zu helfen, sich zu töten.

Wir denken, wenn wir über diese Fragen nachdenken, meist an ganz bestimmte einzelne Menschen, an ihre Verzweiflung, ihr Leiden und die Ausweglosigkeit ihrer Lage. Wir sind dabei überzeugt, daß die Erhaltung des Lebens um seiner selbst willen ungeachtet der konkreten Lage eines schwer Leidenden die Würde des Sterbens, aber auch die Würde des Lebens gefährden kann. Gleichzeitig wissen wir, daß es keine allgemeinen Regeln des Sterbens in Würde gibt. Es zählen immer nur der einzelne Mensch und die konkreten Umstände seines Sterbens. Denn wir wissen auch, daß immer mehr Schwerkranke in den Ländern, in denen die aktive Sterbehilfe oder die Tötung auf Verlangen erlaubt sind, um ihren Tod bitten. Die naheliegende Vermutung ist mittlerweile auch durch Untersuchungen bestätigt worden, daß unter diesen Menschen viele sind, die mit ihrem Sterbewunsch offenbar häufig einem von ihnen selbst so empfundenen sozialen Druck nachgeben, weil sie glauben, ihren Angehörigen oder ihrer Umwelt zur Last zu fallen.

Es geht gar nicht darum, ob dieser soziale Druck tatsächlich von Angehörigen oder Ärzten ausgeht oder von den Schwerkranken nur so empfunden wird. Wichtig ist allein, daß der Sterbewunsch nicht immer wörtlich zu nehmen ist. Häufig ist dieser Wunsch wohl nur ein verzweifelter Hilferuf, so wie viele Versuche von Menschen, sich selbst zu töten, wohl als Hilferufe zu verstehen sind. Sie richten sich in ihrer Verzweiflung an uns. Es ist deswegen wichtig, diesen letzten Schrei nach Hilfe auch zu verstehen und nicht zu rasch geneigt zu sein, dem Todeswunsch zu folgen und ihn durch eigene Mithilfe herbeizuführen. Es ist ein größeres Opfer, Sterbende zu begleiten und ihnen in ihren letzten Tagen und Stunden beizustehen, als ihnen das Medikament zu reichen, das ihr Leiden rasch beendet. Die Hospizbewegung hat in den vergangenen Jahrzehnten vielen Menschen Beistand beim Sterben gewährt, ohne dem Tod nachzuhelfen oder ihn zu beschleunigen. Diese tätige Nächstenliebe verdient besondere Wertschätzung und Bewunderung.

Es scheint eine Binsenweisheit zu sein, daß mit dem Tod auch die Freiheit endet. Es ist aber wohl eher so, daß unsere Freiheit – nicht im Sinn der verfassungsrechtlichen Ansprüche, sondern im Sinn der eigenen Befähigungen – schon vor dem Tod langsam und allmählich endet, ähnlich wie sie am Beginn des Lebens langsam und allmählich beginnt. Mit der Geburt ist sie nicht schon in vollem Umfang vorhanden. Sie entwickelt sich erst allmählich im Kindes- und Jugendalter und kommt erst danach zur Reife. Wenn die Freiheit aber schon vor dem Tod durch schwere Krankheit und auswegloses Leiden nachläßt, haben die Sterbenden nicht die Freiheit zum Tod, wie wir sie im Falle der Selbsttötung annehmen. Jedenfalls sollten wir den Sterbenden diese Freiheit nicht einfach unterstellen, es sei denn, sie wollen sie ausdrücklich selbst behaupten. Wenn wir sie ihnen nicht einfach ungefragt unterstellen, sind wir in der Pflicht, für sie Sorge zu tragen. Wir sind dann aufgerufen, uns so um sie zu kümmern, wie wir das für Säuglinge und

Kleinkinder tun. Das ist nicht herabwürdigend und schon gar nicht herablassend, sondern eine Verpflichtung. Unsere eigene Freiheit verpflichtet uns, für die Menschen zu sorgen, die ihre Freiheit noch nicht oder nicht mehr besitzen und ausüben können. Wir machen uns dabei nicht ungefragt zu Vormündern von Sterbenden. Niemand, der einem Schwerkranken oder Sterbenden bei seinen Verrichtungen hilft, ihn wäscht, kleidet und mit ihm spricht, erhebt sich zu dessen Vormund. Wir sollten diesen Menschen unsere Hilfe frei anbieten und dabei dem guten Beispiel der Mitglieder der Hospizbewegung folgen.

Identität

Wer bin ich?

Hin und wieder tun wir Menschen Dinge, die wir uns selbst nicht zugetraut hätten, im guten wie im schlechten. Dann wundern wir uns über uns selbst und fragen uns, wer wir eigentlich sind. Natürlich erkennen wir uns – normalerweise jedenfalls – problemlos morgens im Spiegel oder auf einer Photographie. Nicht das eigene Aussehen gibt uns Rätsel auf, sondern die eigene Identität. „Identität" bedeutet soviel wie „Selbigkeit". Wenn die eigene Identität unklar ist, dann weiß man nicht genau, ob man der ist, den man zu kennen glaubt, oder doch ein anderer, der einem fremd ist. Die Selbigkeit der eigenen Person steht also in Frage. Damit ist das Rätsel aber nicht gelöst, sondern eher noch verstärkt. Denn man weiß gar nicht, worauf sich diese Selbigkeit bezieht. In bezug auf wen oder was ist man derselbe? Nur weil wir den stabilen, unwandelbaren Kern dessen, worauf wir uns bei der Suche nach dem eigenen Selbst beziehen wollen, nicht kennen, kann die Identität der eigenen Person überhaupt ein Rätsel sein. Das, was die Selbigkeit ausmacht, das, was unwandelbar sein soll, entzieht sich unserem Zugriff. Denn wir wissen nicht, worauf wir uns beziehen können, wenn wir die Selbigkeit der eigenen Person behaupten wollen.

Philosophen haben über das Ich und die Bedeutung des Wortes „Person" nachgedacht und versucht, jenen unwandelbaren inneren Kern zu finden. Sie meinten, es müsse etwas geben, was hinter den vielen äußeren Merkmalen, die uns Menschen voneinander unterscheiden, den inneren Kern jedes Menschen ausmacht. Denn das, was die Identität jedes einzelnen ausmacht, muß etwas sein, das ihm selbst zugänglich ist, ohne daß er seinen Fingerabdruck oder seinen genetischen Code kennt. Die eigene Identität kann also nur in einem äußeren Sinn über diese unterschiedlichen Merkmale bestimmt werden. Wenn man etwa einen Menschen über seine Fingerabdrücke oder seinen Gencode identifiziert hat, weiß man immer noch nicht, wer er eigentlich ist. Man will doch wissen, was er denkt, was er glaubt, wie er empfindet, was er will und tut.

Die Selbigkeit einer Person hängt also nur lose mit den körperlichen Merkmalen zusammen, die den einen vom anderen unterscheiden. Für diesen losen Zusammenhang spricht auch, daß wir Menschen uns von der Geburt bis zum Tod in Größe und Aussehen, Fähigkeiten, Ansichten und Wünschen erheblich verändern. Daß wir uns ständig ändern, trifft natürlich ganz besonders auf unser Wissen, Denken, Fühlen und Glauben zu. Deswegen kann jener rätselhafte Kern der eigenen Identität auch nicht über die Inhalte unseres Wissens, Denkens, Fühlens und Glaubens bestimmt werden. Denn auch sie ändern sich. Was bleibt aber dann noch Unveränderliches übrig?

Philosophen haben vor der Unbestimmtheit und dem Nichts eine noch größere Scheu als vor der unübersichtlichen Vielfalt von Merkmalen und Unterschieden. Deswegen haben sie hinter dem, was

Menschen denken, glauben, fühlen und wissen, eine Substanz oder ein Ich gesucht, das jenen eigentlichen Kern der Identität einer Person ausmachen soll. Ihre Bemühungen zeigen die beiden denkbaren Extrempunkte, zwischen denen wir die unverwechselbaren Eigenheiten einer Person entdecken können. Der eine Extrempunkt sind die Fingerabdrücke und Gencodes, der andere ist das leere, abstrakte Ich. Weder das eine noch das andere reicht für eine Antwort auf die Frage, wer wir sind. Ob es nun ein Ich oder eine Ich-Substanz gibt oder nicht, schon der Gebrauch des Worts „ich" zeigt, daß es bei der Frage nach dem unverwechselbaren Selbst nicht weiterhilft. Jeder Mensch benutzt dieses Wort zwar nur für sich selbst, aber immer genauso wie jeder andere auch. Am Ich-Sagen kann man also genausowenig ablesen, wer wir sind, wie an den Fingerabdrücken.

Es bleibt für die Bestimmung der eigenen Identität nur der Bereich zwischen den beiden gedachten Extrempunkten. Nur das, was wir glauben, wissen, denken, fühlen und tun, sagt etwas über uns aus. Deswegen kann es passieren, daß wir uns fremd werden. Der Grund dafür ist nicht, daß sich unsere Identität verändert hätte. Es ist umgekehrt: Unsere Identität hat sich mit dem verändert, was wir getan, geglaubt, gewußt und gefühlt haben. Wer wir sind, verändert sich nämlich mit dem, was wir wissen und tun, glauben und fühlen. Es wäre auch nicht fair, wenn wir an uns selbst arbeiteten, uns darum bemühten zu lernen und versuchten, bessere Menschen zu werden, und die eigene Identität bliebe dennoch immer dieselbe.

Das Verhältnis zu sich und den anderen

Niemand wird behaupten wollen, erst habe es ihn und dann erst die anderen gegeben. Es sind immer andere vor uns da, Eltern z.B. und Großeltern, aber nicht nur Verwandte, sondern auch fremde Menschen. Das hat Philosophen nicht davon abgehalten, dem Verhältnis der Menschen zu sich selbst – der Subjektivität – eine grundlegendere Bedeutung beizumessen als ihrem Verhältnis zu den anderen Menschen – der Intersubjektivität. Allgemein würde das heißen, die Subjektivität wäre das Modell für die Intersubjektivität. Und das würde bedeuten, der Grundbaustein aller sozialen Verhältnisse ist der einzelne Mensch.

Für diese Annahme sind durchaus Gründe denkbar. Einer könnte sein, daß ein Mensch einen anderen nur so verstehen kann, wie er sich selbst versteht. Dann würden wir andere nur verstehen können, weil wir unser Selbstverhältnis auf das Verhältnis zu den anderen abbilden und übertragen. Konkret hieße das, wir versetzten uns in den anderen und stellten ihn uns als Variante unserer selbst vor, als einen Menschen mit Wünschen und Überzeugungen, Hoffnungen und Ängsten.

Ein weiterer Grund für den Modellcharakter des Selbstverhältnisses könnte sein, daß ich mich selbst wohl nicht früher, aber doch besser kenne als irgend jemand anderen. Da läge es doch nahe, daß ich von meinem Verhältnis zu mir selbst als Standard für mein Verhältnis zu den anderen ausginge. Schließlich bin ich mir immer nur sicher, was ich selbst denke, fühle und will, und nie genau, was ein anderer denkt, fühlt und will. Das hieße doch wohl, ich kenne mich besser, als irgendein anderer mich kennt. Zwischen mir und dem anderen scheint es einen tiefen Graben zu geben, über den keine wirklich zuverlässige Brücke führt. Sonst könnten wir nicht getäuscht und belogen werden, sonst könnten wir uns nicht mißverstehen. Jeder Mensch hat nur sein eigenes Bewußtsein.

Manches an diesen Gründen ist richtig. Wer wollte bestreiten, daß jeder nur sein eigenes Bewußtsein und nicht das eines anderen hat und daß wir immer getäuscht werden können? Wer wollte bestreiten, daß wir die anderen als Wesen verstehen, die – was ihr Denken, Fühlen, Wünschen und Hoffen angeht – ähnlich wie wir selbst beschaffen sind? Manches andere ist aber auch zweifelhaft und sogar falsch. Mein Zugang zu meinen eigenen Überzeugungen und Wünschen ist nicht in jeder Hinsicht privilegiert. Jemand anderer kann mich vielleicht besser durchschauen und besser beurteilen, als ich es selbst kann. Natürlich ist niemandem das, was ich denke, so gegenwärtig, so bewußt wie mir selbst. Das bedeutet aber nicht, daß ich mich in jeder Hinsicht besser kenne als andere. Ich kann mich über mich selbst genauso täuschen wie andere, und entsprechend kann ich mich natürlich auch über andere täuschen. Fast jeder täuscht sich übrigens in einer Hinsicht über sich selbst mehr als andere, nämlich in der eigenen Selbsteinschätzung. Die meisten Menschen beurteilen sich selbst besser, als andere sie beurteilen.

Nach alledem läßt sich wohl nicht mehr behaupten, daß mein Selbstverhältnis das Modell für mein Verhältnis zu den anderen sei. Es ist jedenfalls nicht sinnvoll, dem Selbstverhältnis einen Vorrang einzuräumen. Schließlich wäre es falsch, das Selbstverhältnis als Grundbaustein aller sozialen Verhältnisse zu deuten. Dennoch ist nur jedem einzelnen Menschen sein eigenes Bewußtsein gegenwärtig. Aber mein Bewußtsein dient mir selbst als Voraussetzung meines Selbstwissens und ist nicht dessen Gegenstand. Man kann sagen, daß das, was mir selbst als Voraussetzung des eigenen Selbstverhältnisses dient, also mein Bewußtsein meiner selbst, für mein Verhältnis zu anderen kein Modell sein kann. Deswegen kann das, was keinem anderen zugänglich ist, auch kein Grund dafür sein, daß ich in meinem Verhältnis zu mir selbst privilegiert wäre.

Erst durch die anderen lerne und erfahre ich, wer ich bin. Mein Selbstbewußtsein ist ein Produkt meiner Begegnung mit den anderen und mit der Welt. Und erst durch die anderen erkenne ich, wie ich mich verändere. Ohne die anderen hat niemand ein Bewußtsein seiner selbst. Es ist ein Irrtum zu meinen, wir hätten ein Bewußtsein unserer selbst unabhängig von den anderen. Unsere Gefühle und unser Bewußtsein sind uns zwar immer nur allein gegenwärtig. Aber dieses Bewußtsein ist leer ohne die anderen und die Welt. Niemand, der für sich allein lebt, weiß, wer er selbst ist. Die anderen sind nicht nur zeitlich früher als ich selbst. Ich könnte ohne sie nicht einmal wissen, wer ich bin. Mein Verhältnis zu den anderen macht mich erst zu dem, der ich bin.

Selbstbewußtsein

Ist es wirklich möglich, daß ich nicht weiß, wer ich bin, wenn es die anderen nicht gibt? Auf den ersten Blick scheint dies undenkbar zu sein. Wir gehen doch davon aus, daß wir – abgesehen vom Schlaf und von Zuständen vorübergehender Bewußtlosigkeit – immer wissen, wer wir sind, egal, ob es andere Menschen gibt oder nicht. Wir nehmen sogar an, daß dieses Selbstbewußtsein, diese Gewißheit, daß man sich nicht darüber täuschen kann, wer man ist, nur durch den Tod, nicht aber durch den Mangel an Kontakten mit anderen Menschen wirklich gefährdet ist. Nur bei Kranken, die z.B. unter Alzheimer leiden, ihren eigenen Namen nicht mehr wissen und ihre eigenen Angehörigen nicht mehr erkennen, zweifeln wir daran, daß sie jene Gewißheit des Selbstwissens haben. Sicher gibt es keinen erkennbaren Grund, daran zu zweifeln, daß mit dem Tod auch das Selbstbewußtsein endet. Es gibt aber auch keinen Grund, daran zu zweifeln, daß das Selbstbewußtsein nicht mit der Geburt beginnt. Ab welchem Alter wir dem Menschen Selbstbewußtsein zusprechen können, müssen wir nicht genau wissen. Wichtig ist nur, nicht zu vergessen, daß sich das Selbstbewußtsein allmählich und langsam mit der Sprache, mit dem Mitgefühl und der Verantwortung für sich und andere und mit der Urteilsfähigkeit entwickelt.

„Selbstbewußtsein" ist ein mehrdeutiges Wort. Es kann soviel bedeuten wie „Selbstwissen", aber auch soviel wie „Selbstvertrauen". Von letzterem kann man zuviel oder zuwenig haben. Es wäre aber unsinnig zu sagen, jemand habe zuviel Selbstwissen. Wenn man sich selbst kennt, d.h. seiner selbst gewiß ist und sein Denken und Verhalten kritisch beurteilen kann, hat man Selbstwissen. Das kann man wohl vermehren, aber zuviel davon kann man nicht haben. Es ist aber ganz und gar nicht unsinnig zu sagen, jemand habe zu wenig Selbstwissen.

Das ist der Punkt, an dem wir zu begreifen beginnen, wie wichtig die anderen für unser Selbstwissen sind. Wer zuwenig Selbstwissen hat, weiß nicht genug über sich, um sich und sein Verhalten beurteilen zu können. Es mangelt ihm nicht unbedingt an Selbstvertrauen. Aber sein Selbstbewußtsein im Sinn seines Selbstwissens ist unterentwickelt. Menschen mit einem Mangel an Selbstwissen hatten nicht genug Chancen, von anderen Menschen etwas über sich selbst zu lernen. Manche Menschen lernen auch nicht, diese Chancen wahrzunehmen, und wissen ihr Leben lang wenig über sich und ihr Verhalten. Wir brauchen die anderen, um zu lernen, wie gut oder schlecht, reif oder unreif wir uns verhalten. Wenn wir nicht wahrnehmen lernen, wie wir auf andere wirken, können wir nicht lernen, wie wir unser Verhalten korrigieren. Wir können nicht einmal exakt wissen, was wir genau tun. Dann verletzen wir z.B. andere durch Worte oder Taten, ohne es selbst zu merken. Wir können uns dann nicht richtig beurteilen, obwohl wir uns durchaus selbst wahrnehmen. Urteilen, vor allem uns selbst zu beurteilen, lernen wir nur durch andere. Aus demselben Grund brauchen wir die anderen, um auch zu wissen, wer wir selbst sind.

Es gibt einen tieferen Grund für die Abhängigkeit unseres Selbstbewußtseins von den anderen Menschen und ihrem Einfluß auf unser Denken und Handeln. Wir können uns nicht selbst erkennen ohne den Gegenhalt, den andere uns bieten, und den Widerstand, den sie uns hin und wieder entgegensetzen. Niemand kennt das Bewußtsein eines anderen. Niemand erkennt aber auch sein eigenes Bewußtsein, wenn es keine Möglichkeit gibt, es zu bilden. Natürlich nehmen wir unseren Körper und die Dinge der Welt wahr. Das eigene Bewußtsein ist aber kein Gegenstand, auf den sich irgend jemand selbst beziehen könnte. Bewußtsein ist überhaupt kein von mir selbst getrennter Gegenstand. Bewußtsein ist genaugenommen aus der Sicht der ersten Person Singular, also aus der Perspektive jedes einzelnen, gar kein Objekt – für niemanden. Der Grund dafür ist, daß ich mich nicht von meinem Bewußtsein lösen, mich ihm nicht gegenüberstellen und es nicht unabhängig beurteilen kann. Wir Menschen haben keinen eigenen Sinn wie das Tasten, Fühlen, Schmecken, Sehen und Hören für das Bewußtsein. Es gibt dafür kein eigenes Wahrnehmungsorgan.

Das eigene Selbstbewußtsein, das Selbstwissen, bildet sich, weil andere es wecken und aus seiner Befangenheit und Verschlossenheit befreien. Wir werden uns durch andere unserer selbst bewußt, indem sie uns ansprechen und uns mehr oder weniger sanft zwingen, uns zu äußern und ihnen zu öffnen, uns zu korrigieren und zu erklären, etwas zu tun oder zu lassen. Diese Erweckung unseres Bewußtseins ist so sehr von den anderen abhängig, daß wir allein aufgrund der möglicherweise schlechten Gesellschaft, in der wir uns entwickeln, ein falsches Bewußtsein bilden können. Tröstlich ist aber, daß das Bewußtsein, das zu sich gekommen ist, sich aus den Fesseln des falschen Bewußtseins befreien kann. Vielleicht liegt es daran, daß in jedem Menschen ein guter Kern steckt. Sicher liegt es aber daran, daß sich mit der Fähigkeit zu denken und zu empfinden auch die Fähigkeit zur Selbstkritik entwickelt. Diese Fähigkeit gibt uns die Freiheit, uns von dem zu lösen, was wir bisher dachten, und von dem zu befreien, was wir als schlecht erkennen. Diese Freiheit des Selbstbewußtseins können Menschen selbst in einer schlechten Gesellschaft erwerben. Ohne die anderen ist aber kein Selbstbewußtsein möglich, weder ein gutes noch ein schlechtes.

Der eigene und der fremde Wille

Wenn wir nach einem unverwechselbaren Kennzeichen der eigenen Identität suchen, denken wir, ohne zu zögern, an den eigenen Willen. Was, wenn nicht der eigene Wille, drückt das eigene, unverwechselbare Selbst aus? Wir sind nur allzugern bereit, lebhaft zuzustimmen, und neigen dazu, den eigenen Willen als eine Art Fingerabdruck der eigenen Identität zu deuten. Nachdruck erhält diese Überzeugung durch allerlei Indizien aus dem täglichen Leben. Da wäre etwa der letzte Wille, das Testament eines Menschen. Meist wird dieser Wille respektiert. Da wäre auch der ebenfalls respektierte Wille von schwerkranken Patienten, die in ihrer aussichtslosen Lage nicht mehr künstlich am Leben gehalten werden möchten. Der eigene Wille gilt nicht nur viel, er wird auch als Ausdruck der menschlichen Freiheit und Selbstbestimmung ernst genommen.

Hinter dem Gedanken, daß der eigene Wille der Fingerabdruck der eigenen Identität sei, steckt der anspruchsvolle Gedanke, daß sich nur im eigenen, von niemandem und nichts beeinflußten Willen das Individuum frei und ungehindert ausdrücken kann. Daraus wird dann von vielen unmittelbar gefolgert, daß jede Behinderung dieser Freiheit, sei es durch äußeren Einfluß, durch Gewalt oder Drogen, den eigenen zu einem fremden Willen werden läßt. Und daraus wird wiederum geschlossen, daß niemand für einen Willen, der nicht in ihm selbst seinen Ursprung hatte, verantwortlich gemacht werden kann.

Jede dieser beiden Folgerungen ist falsch. Das liegt vor allem an deren fragwürdigem Ausgangspunkt, dem Gedanken, daß der eigene Wille nur dann frei sei, wenn er keine andere Ursache und Herkunft habe als das eigene Selbst. Tatsächlich machen wir Menschen jeden Wunsch, woher er auch kommen mag, schon dadurch zu unserem eigenen, daß wir ihm folgen. Wir vergessen allzuleicht, daß es nur Stufen unserer Freiheit und mehr oder weniger Spielraum für die Selbstbestimmung gibt, aber keine völlige Unabhängigkeit. Auf den Stufen der Freiheit herrscht mehr oder weniger Freiwilligkeit. Und Freiwilligkeit schließt Zwang nicht völlig aus.

Hört die Verantwortung für das, was man unter Zwang tut, aber nicht irgendwo auf? Wir erinnern uns, Oskar war einmal in die Hände einer Verbrecherbande gefallen, die ihn zu einem Mord zwingen wollte. Sein einzig verantwortbarer Ausweg war, es nicht zu tun, trotz der Gefahr für sein Leben. In einem solchen Fall würde Oskar den mörderischen Willen zu seinem eigenen machen, wenn er ihm nachgeben würde. Er würde selbst zum Mörder. Niemand hat ein Recht darauf, einen Schaden von sich dadurch abzuwenden, daß er ihn auf einen anderen Menschen überträgt. Nicht in jedem Fall von Zwang oder Gewalt eignet sich ein Mensch aber den Willen eines anderen an. Menschen, die unter Folter stehen oder vergewaltigt werden, eignen sich den Willen ihrer Peiniger nicht an, auch wenn sie ihm nachgeben. Sie können sich nämlich nicht wehren und haben keine Kontrolle mehr über sich. Gilt das nicht auch für Suchtkranke? Sie haben doch auch keine Kontrolle über sich. Das ist in gewisser Weise richtig, allerdings ist jeder Suchtkranke für seine ersten Schritte in die Sucht verantwortlich, und wenn er an der Sucht erkrankt ist, ist er zwar nicht mehr für die Sucht selbst, aber noch immer für die Beschaffung der Suchtmittel verantwortlich.

Die Aneignung eines fremden Willens macht diesen beinahe immer zum eigenen und entbindet einen nicht von der Verantwortung dafür. Läßt sich aber nicht doch behaupten, daß der eigene Wille vor allem dann ein Fingerabdruck der eigenen Identität ist, wenn er besonders stark und kraftvoll ist? Leider ist die Stärke des Willens und seine Unbeugsamkeit aber nicht unbedingt ein Nachweis dafür, daß es sich um den eigenen Willen handelt. Er kann von jemand übernommen, aufgezwungen und angeeignet sein.

Die Bilanz dieser Überlegungen ist ernüchternd. Der eigene Wille ist zwar durchaus das Kennzeichen der eigenen Identität. Es wäre aber ein Mißverständnis zu meinen, der eigene Wille sei das Gegenteil des fremden Willens. Es ist vielmehr so, daß wir Menschen jeden Willen, den wir uns aneignen, zu unserem eigenen machen, egal woher er kommt. Niemand zwingt uns gewöhnlich dazu, wir tun es freiwillig. Dafür sind wir verantwortlich. Das hindert uns nicht daran, immer wieder unserem eigenen besseren Urteil zu folgen und tatsächlich einen ganz eigenen Willen zu haben. Der eigene Wille ist meist eine Mischung aus eigenem und fremdem, und häufig ist uns das nicht klar. Wir denken selten an die Herkunft der Ziele, denen wir folgen, und verfallen häufig der Illusion, daß wir diese Ziele allein bestimmt haben. Wir sollten aber darauf achten, woher die Ziele eigentlich stammen und wie wir sie zu unseren eigenen gemacht haben. Über die wahre Herkunft unserer Ziele sollten wir nachdenken, wenn wir wissen wollen, wer wir wirklich sind.

Verstehen

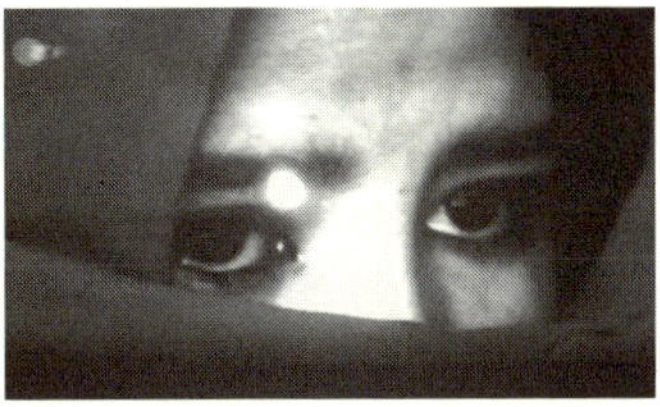

Sprache und Bedeutung

Drei englische Gentlemen unterhielten sich in ihrem Londoner Club über die Frage, worauf Großbritannien am meisten stolz sein könne. „It's the Empire", meinte der eine. „It's the fleet", meinte der andere, was irgendwie einleuchtet, schließlich hätte es ohne die Flotte kein Weltreich gegeben. Der Dritte war mit alledem nicht ganz einverstanden. Sein Vorschlag war: „It's our language." Dann erklärte er den verdutzten Freunden, warum. „I give you an example. The Italians call a spoon ‚cucchiaio', the Germans call it ‚Löffel', but we call it ‚spoon' and that's exactly what it is." Die Genauigkeit der englischen Sprache, so meinte der Gentleman, sei die größte Errungenschaft, auf die Großbritannien stolz sein könne.

Natürlich ist das Englische nicht genauer als das Deutsche oder Italienische. Die Frage ist eher, was das überhaupt heißen könnte, daß eine Sprache „genau" ist. Schließlich benutzen wir nie eine ganze Sprache, sondern immer nur Wörter und Sätze. Können einzelne Wörter oder nur Sätze genau sein, und was bedeutet dann „genau"? Einzelne Wörter wie „Löffel" oder „grün" sind Namen für Dinge oder Merkmale von Dingen. Nicht alle Wörter sind Namen. Ausdrücke wie „und", „oder", „zwar" usw. sind keine Namen, die sich auf Dinge oder Merkmale beziehen. Wir benötigen sie aber in Sätzen. Namen haben eine ganz besonders lehrreiche Funktion. Wir lernen die Dinge und ihre Merkmale über ihre Namen kennen, und wir erkennen und identifizieren sie dann mit Hilfe dieser Namen.

Alle diese Namen sind in dem Sinn ungenau, daß sie nie nur ein einzelnes Ding oder Merkmal, sondern immer alle der gleichen Art bezeichnen. Sie sind also ungenau wegen ihrer Allgemeinheit. Dann sind diese Namen aber in einem anderen, nämlich im selektiven Sinn doch sehr genau. Sie erfassen Dinge der gleichen Art und grenzen sie gegen andere Dinge ab. Deswegen können wir Dinge und Merkmale der gleichen Art zählen und ihre Mengen bestimmen.

Namen beziehen sich also mehr oder weniger genau auf Personen oder auf Dinge und Merkmale der gleichen Art. Die Bedeutung eines Namens kann also eine Person, ein Ding, ein Merkmal oder eine natürliche Art sein. Selbst wenn die Bedeutung eines Namens klar ist, sagt er nie genau, was mit ihm gemeint ist. Das hängt vielmehr von dem Zusammenhang ab, in dem er gebraucht wird. Wenn jemand einfach nur „Oskar" oder „Löffel", „Salz" oder „schön" sagt, wird jeder, der ihn hört, sich fragen, was er denn genau meint. Wir können einzelne Namen allerdings als Antworten auf Fragen benutzen. Wenn jemand auf die Frage „Wer war das?" mit „Oskar" antwortet, wissen wir Bescheid. Aber auch in einem solchen Fall steht der Name genaugenommen in einem Satz, nämlich in dem Satz „Es war Oskar". Nur innerhalb von Sätzen wie „Es war Oskar" oder „Oskar hat das Salz" kann ein Name wie „Oskar" etwas Genaues sagen.

Die wichtigsten Träger von Bedeutungen sind die Sätze unserer Sprache. Wie wichtig Sätze sind, können wir an zwei Besonderheiten erkennen. Nur Sätze haben eine Bedeutung, die wir so gut verstehen können, daß wir über sie mit anderen Menschen kommunizieren können. Und nur Sätze haben Bedeutungen, die entweder wahr oder falsch sind. Namen allein sagen zwar, wofür sie stehen. Wir können mit ihnen allein aber nicht mit anderen kommunizieren. Außerdem sind sie als Namen weder wahr noch falsch. Man kann sie nur richtig oder falsch gebrauchen. Ob Namen richtig oder falsch gebraucht werden, können wir aber nur entscheiden, wenn sie in Sätzen stehen. Denn erst dann wissen wir, was mit ihnen gemeint ist. Sätze sind also das, was eine Sprache zum Medium der Kommunikation und des Wissens über die Welt macht.

Bedeutung und Wahrheit

Eine Besonderheit unseres Verstehens von Sätzen ist uns zwar geläufig, verdient aber Beachtung. Wir verstehen nämlich nicht nur wahre, sondern auch falsche Sätze. Sonst könnten wir uns nicht irren, und es könnte uns niemand belügen. Merkwürdig daran ist, daß „Bedeutung" nicht dasselbe wie „Wahrheit" ist, obwohl die Bedeutung eines Satzes – in den Worten Wittgensteins – sagt, was der Fall ist, wenn der Satz wahr ist. Es gibt also einerseits eine enge Verbindung zwischen Bedeutung und Wahrheit, andererseits auch eine gewisse Unabhängigkeit der Bedeutung von der Wahrheit. Wenn die Bedeutung eines Satzes darin besteht zu sagen, was der Fall ist, besteht sie darin, die Wahrheit zu sagen. Wenn ein Satz aber nicht sagt, was der Fall ist, ist seine Bedeutung dann plötzlich unabhängig von seiner Wahrheit? Die Merkwürdigkeit des Verhältnisses zwischen Bedeutung und Wahrheit läßt sich auch so formulieren: Wenn Sätze dazu gebraucht werden, die Wirklichkeit zu beschreiben, ist ihre Bedeutung nicht nur abhängig von ihrer Wahrheit, sondern in gewisser Weise mit ihr identisch. Wären Wahrheit und Bedeutung aber einfach dasselbe, könnten wir Sätze nur dann verstehen, wenn sie wahr wären. Wir können sie aber auch verstehen, wenn sie falsch sind. Wahrheit und Bedeutung eines Satzes sind genau dann identisch, wenn der Satz wahr ist. Deswegen ändert der Zusatz „Es ist wahr" nichts an der Bedeutung des Satzes „Schnee ist weiß". Wenn ein Satz aber nicht wahr ist, sind Wahrheit und Bedeutung eben nicht identisch. Wenn es nicht regnet, ist die Behauptung „Es regnet" einfach falsch, wir verstehen sie aber trotzdem. Daß Bedeutung und Wahrheit auch nichtidentisch sein können, liegt daran, daß Wahrheit von den Tatsachen abhängig ist, Bedeutung aber nicht.

Wir alle kennen die Pilatus-Frage „Was ist Wahrheit?", und viele Philosophen haben sich mit ihr beschäftigt. Entsprechend gibt es viele Theorien der Wahrheit, die aber allesamt davon leben, daß unabhängig von diesen Theorien jedermann klar ist, worum es geht. Es scheint so, als würden alle Menschen, nicht nur die Sprecher bestimmter Sprachen, das Wesen der Wahrheit verstehen. Es wäre jedenfalls absurd und anmaßend, dies zu bezweifeln. Wenn es aber verschiedene Theorien der Wahrheit gibt und jeder dieser Theorien ein allgemeines Verständnis der Wahrheit zugrunde liegt, liegt die Vermutung nahe, daß diese Theorien ganz Unterschiedliches leisten. Tatsächlich will aber jede Theorie dem allgemeinen Verständnis der Wahrheit besser gerecht werden als jede andere. Ist das überhaupt sinnvoll?

In gewisser Weise ja. Der Wettbewerb der Theorien ist sinnvoll, weil sie jeweils unterschiedliche Aspekte der Wahrheit beleuchten. Theorien leben von Definitionen, also von begrifflichen Festlegungen. Das reicht aber nicht. Eine Theorie muß auch wahr sein, und das bedeutet, daß ihre Behauptungen überprüft und gerechtfertigt werden können. Wahrheit läßt sich z.B. als das definieren, was einen Satz wie „Schnee ist weiß" mit der Tatsache, daß Schnee weiß ist, in Übereinstimmung bringt. Das reicht aber nicht für eine Theorie. In einer Theorie der Wahrheit muß jede Korrespondenz eines Satzes mit einer Tatsache überprüfbar sein. Sie benötigt also ihrerseits eine Rechtfertigung. Ist nun die Rechtfertigung ein weiterer Begriff der Wahrheit oder nur ein Kriterium dafür, daß jene Definition richtig angewandt wurde? Wenn die Rechtfertigung aber ein Kriterium für die Überprüfung der Wahrheit eines Satzes ist, wie hängen dann Rechtfertigung und Wahrheit zusammen?

Einige sagen, daß der Zusammenhang nur von einer ganzen Sprache hergestellt werden kann. Dafür spricht sehr viel. Denn die Übereinstimmung eines Satzes mit einer Tatsache ist keine starre Beziehung. Schließlich kann man z.B. die Tatsache, daß Oskar anwesend ist, mit ganz unterschiedlichen Sätzen ausdrücken. Da Tatsachen vielfältig beschrieben werden können, benötigen wir in einer Theorie der Wahrheit sicher mehr als nur die Übereinstimmung jeweils eines Satzes mit einer Tatsache. Das leuchtet auch schon deswegen ein, weil wir wohl auch andere Sätze benötigen, um die Übereinstimmung eines Satzes mit einer Tatsache zu rechtfertigen. Es liegt deswegen nahe, für eine Theorie der Wahrheit gleich eine ganze Sprache vorauszusetzen. Bedeutet das, daß wir in jeder Sprache eine eigene Theorie der Wahrheit benötigen?

Mittlerweile, im Laufe der langsamen Erweiterung der Bedingungen einer Theorie der Wahrheit, wurde die Definition der Wahrheit als Übereinstimmung eines Satzes mit einer Tatsache unter der Hand ungemein gedehnt. Wenn nämlich eine ganze Sprache benötigt wird, um die Wahrheit jedes einzelnen Satzes einer Sprache zu rechtfertigen, besteht die Wahrheit wohl in der Übereinstimmung aller wahren Sätze einer Sprache mit allen Tatsachen, also mit der gesamten Wirklichkeit. Spätestens diese Übereinstimmung können wir aber nicht mehr überprüfen. Rechtfertigen können wir nur die Wahrheit einzelner Sätze, aber nicht diejenige einer ganzen Sprache.

Die offenen Fragen hören nicht auf und werden immer weniger beantwortbar, je weiter sich eine Theorie der Wahrheit entwickelt. Wir erfahren nicht mehr über die Wahrheit, als wir schon wissen. Wir begreifen aber die Unmöglichkeit, mit den Mitteln einer Theorie alle Bedingungen erfassen zu können, die für die Wahrheit, wie wir sie kennen, vorausgesetzt sind. Bleiben wir also bei der Wahrheit, die wir kennen und der wir in den Sätzen unserer Sprache gerecht werden können. Und diese Wahrheit hängt ganz sicher von den Tatsachen ab, auf die sich die Sätze beziehen, und von unserem Willen, diesen Tatsachen gerecht zu werden. Und diesen Willen nennen wir „Wahrhaftigkeit".

Sprachliches Handeln

Sprechen ist eine besondere Art von Handeln, nämlich sprachliches Handeln. Was Oskar tut, wenn er zu seiner Freundin Emma sagt „Es zieht", ist uns allen klar. Er will sie wahrscheinlich auffordern, die Tür oder das Fenster zu schließen. Seine sprachliche Handlung ist zum einen eine Behauptung, zum anderen eine Aufforderung. Es ist mindestens ebenso klar, was Emma tut, wenn sie darauf erwidert „Könntest du bitte selbst aufstehen?". Sie fragt Oskar etwas, sagt damit aber auch, daß sie seiner Aufforderung nicht nachkommen will. In beiden Fällen würden wir nicht verstehen, was Oskar und Emma sagen, wenn wir nicht wüßten, daß sie mit ihren Äußerungen mehr tun können, als die grammatikalische Form ihrer Äußerungen verrät. Mit einer Behauptung eine Aufforderung zu verbinden und mit einer Frage eine Aufforderung abzulehnen, sind sprachliche Handlungen. Sie folgen dem Muster, etwas zu tun, indem etwas anderes getan wird. Dann gilt die Behauptung unter den besonderen Umständen als Aufforderung oder Bitte, die Frage als Ablehnung, vielleicht sogar als Ausdruck der Verärgerung über eine Zumutung.

Es gibt eine Theorie sprachlichen Handelns, die mit großer Genauigkeit beschreibt, welche Handlungen mit sprachlichen Äußerungen verbunden werden können. Indem Oskar etwas mit Worten tut, tut er mit denselben Worten etwas anderes. Mit einer bloßen, harmlos erscheinenden Behauptung kann er um etwas bitten, etwas versprechen oder ablehnen. Sprachliche Handlungen haben neben ihrer grammatikalischen Form eine bestimmte Kraft, die in der Äußerung je nach der Situation, in der sich Sprecher und Hörer befinden, zum Vorschein kommt. Sie wird „illokutionäre Kraft" genannt. Diese merkwürdige Bezeichnung leitet sich aus dem lateinischen „in locutione" ab, zu Deutsch „im Sprechen". Mit „illokutionär" wird also die besondere Bedeutung der Handlung bezeichnet, die mit einer sprachlichen Äußerung verbunden ist.

Die illokutionäre Kraft ist aber nicht die einzige, die beim sprachlichen Handeln eine Rolle spielt. Stellen Sie sich vor, Oskar ist mit seiner Freundin Emma beim Schlittschuhlaufen. Wenn Oskar zu ihr sagt „Das Eis dort drüben ist sehr dünn", warnt er sie. Er tut damit nicht nur etwas, er erreicht auch das, was er mit seiner Äußerung tun will. Diese Kraft einer Äußerung wird „perlokutionär" genannt. Die Bezeichnung entspricht der Bedeutung des Lateinischen „per locutionem", zu Deutsch „durch das Sprechen". Durch eine Äußerung, die ihrer grammatikalischen Form nach eine Behauptung ist, können wir je nach Situation andere warnen, beleidigen, aber auch loben und tadeln. Es kommt bei alledem nicht darauf an, ob das, was gesagt wird, wahr oder falsch ist. Die illokutionäre und die perlokutionäre Kraft sind von der Wahrheit der Äußerung selbst unabhängig und deswegen auch wirksam, wenn die Äußerung falsch ist. Das Eis, von dem Oskar sprach, muß also nicht unbedingt dünn sein. Die Warnung gelingt auch mit einer falschen Behauptung.

Der Kosmos der Möglichkeiten, mit bloßen Worten zu handeln, ist damit aber keineswegs erschöpft. Nehmen wir an, Oskar hat bald genug vom Schlittschuhlaufen, will das Emma gegenüber aber nicht zugeben. Vielleicht sagt er dann zu ihr „Ich glaube, ich krieg gleich einen Krampf in meiner rechten Wade". Das, was er meint, ist einfach, daß er keine Lust mehr hat und aufhören will. Er traut sich aber nicht, das offen einzugestehen. Mit seiner Äußerung kann er das, was er erreichen will, nur indirekt erreichen. Emma soll seine eigentliche Absicht seinen Worten nicht entnehmen können, ihm aber dennoch genau das zugestehen, was er will. Vielleicht sagt sie dann in ihrer Besorgnis „Dann laß uns doch nach Hause gehen". Mit indirekten sprachlichen Handlungen können wir alle möglichen Ziele erreichen, ohne daß die Gründe, die wir dafür haben, erkennbar werden. Intrigen und andere Niederträchtigkeiten, aber auch Schmeicheleien und raffinierte Komplimente sind mit solchen sprachlichen Handlungen möglich.

Das, was wir mit unseren Äußerungen tun, liegt also nicht immer offen zutage. Unsere Äußerungen können unsere Absichten klar erkennbar machen, ebenso aber auch verbergen. Sprachliches Handeln kann durch die Äußerungen, mit denen etwas getan wird, offen erkennbar oder verdeckt sein. Diese Möglichkeiten haben wir mit nicht-sprachlichem Handeln nicht. Unsere Mimik oder die Art der Körperbewegung können zwar auch eine eigene stumme Bedeutung haben und mitunter auch Absichten verbergen oder betonen. Es ist aber nicht möglich, mit nicht-sprachlichen Handlungen das Gegenteil dessen zu tun, was äußerlich erkennbar ist. Ohne die Möglichkeit, mit sprachlichen Mitteln zu handeln, wäre der Radius menschlichen Handelns und damit die Kommunikation mit anderen Menschen erheblich eingeschränkt. Dasselbe würde zutreffen, wenn wir mit unseren Äußerungen nur das sagen könnten, was sie ihrer grammatikalischen Form und dem wörtlichen Sinn nach bedeuten. Dann wäre unsere Kommunikation arm und einsilbig, ohne gedanklichen Tiefgang, ohne Feinheiten und ohne den Reiz, den die Kommunikation für uns Menschen hat. Vielleicht wäre sie aber auch weniger mißverständlich, eindeutiger und weniger zu mißbrauchen. Der Preis der Eindeutigkeit wäre wohl Langeweile. Das ist aber das genaue Gegenteil dessen, was uns an der Kommunikation mit anderen so reizt. Jede Freiheit, auch diejenige der Kommunikation, hat ihren Preis.

Bilder und die Wirklichkeit

(Dies ist keine Pfeife.)

Was sind Bilder, und was haben sie mit der Wirklichkeit zu tun?

Zu keiner Zeit haben Menschen so viel mit Bildern zu tun gehabt wie heute. Film, Fernsehen und Videos, Zeitungen und Zeitschriften überfluten uns mit großen Mengen an Bildern. Nicht nur die Medien, auch die Straßen sind voller Bilder, die irgend etwas anpreisen. Der Bilderkonsum regt den Warenkonsum an. Bilder ersetzen zwar nicht völlig das gesprochene und geschriebene Wort, konkurrieren aber mit ihm. Texte sind ebenfalls Bilder. In vieler Hinsicht sind sichtbare Bilder aber lesbaren Texten überlegen, denn Bilder können sehr viel auf einmal sagen, und sie können es schneller und auf kleinerem Raum als Texte. Ein Beispiel sind treffende Karikaturen mit und ohne Worte. Was sichtbare Bilder wie Photographien oder elektronische Bilder Texten aber vor allem voraushaben, ist ihre Überredungskraft. Sie scheinen die Wirklichkeit abzubilden und können deswegen leicht an deren Stelle treten. Einen Text müssen wir erst lesen oder hören, und um ihn zu verstehen, müssen wir meist erst nachdenken. Wir würden nie auf die Idee kommen, daß ein Text die Wirklichkeit in irgendeiner Hinsicht ersetzen könnte. Ein Bild müssen wir nur anschauen, und schon scheinen wir, ohne nachzudenken, alles zu wissen. Weil wir der Überredungskraft der Bilder leicht zum Opfer fallen, weil sie uns täuschen und wir ihnen glauben können, ohne nachzudenken, müssen wir uns fragen, was Bilder mit der Wirklichkeit zu tun haben. Dabei sollte uns von Anfang an klar sein, daß alle Bilder von Menschen gedacht, gemacht und wahrgenommen werden, daß sie einerseits die Wirklichkeit nicht ersetzen können, andererseits aber auch wirklich sind – sie stehen „dazwischen".

Wenn wir genauer wissen wollen, was ein Bild bedeutet, kommt es darauf an, von welcher Seite aus man dieses Dazwischen-Stehen zwischen Mensch und äußerer Wirklichkeit betrachtet. Wahrgenommene Bilder unterscheiden sich von selbstgemachten oder gedachten Bildern dadurch, daß sie der Wirklichkeit näherzustehen scheinen als uns Menschen. Ein lediglich wahrgenommenes, nicht von Menschen erdachtes oder verändertes Bild verstehen wir als „der Wirklichkeit entnommen". Typisch für dieses Verhältnis sind Photographien oder gemalte Ansichten von Landschaften oder Gegenständen. Daß wir solchen Bildern eine besondere Nähe zur Wirklichkeit zusprechen, liegt am normalen, auf unsere Sinne gestützten Wahrnehmungsverhältnis zur Wirklichkeit. Dieses Verhältnis ist aber trügerisch. Denn wahrgenommen werden nicht nur Abbilder und Ebenbilder von wirklichen Personen oder Dingen, sondern auch Trugbilder und Schattenbilder. Auch sie sind wirklich, aber nur in der menschlichen Wahrnehmung.

Zwei Arten von Wirklichkeit scheinen hier in einen Gegensatz zueinander zu geraten, die wahre und die vermeintliche, die wir lediglich unseren Augen und unserem Gehirn, unserer Phantasie und unserem technischen Können verdanken. Wir können ein Stöckchen im Wasserglas nur gekrümmt, außerhalb aber gerade sehen. Deswegen ist es überhaupt sinnvoll, die andere Perspektive auf die sichtbaren Bilder, nämlich die von seiten der äußeren Wirklichkeit aus, ins Spiel zu bringen. Bleiben wir aber noch einen Moment bei der Sicht von innen.

Interessant sind die Bilder, die so sehr zwischen der inneren und der äußeren Wirklichkeit des Menschen stehen, daß sie der einen nicht mehr als der anderen Seite zugerechnet werden können. Das sind die Bilder, welche die Wissenschaften von der Wirklichkeit entwerfen, die sinnlich gar nicht wahrnehmbar ist. Es sind die theoretischen Modelle, die sich Wissenschaftler von der unsichtbaren Wirklichkeit machen, z. B. von Nanostrukturen, von Atomen und Molekülen oder vom Kosmos. Solche Bilder sind zwar wissenschaftliche Entwürfe von Menschen, zeigen aber dennoch etwas Wirkliches. Ähnlich wie sich nur in sprachlichen Sätzen der Sinn und die Bedeutung von Gedanken zeigen, zeigen die theoretischen Modelle der Wissenschaftler eine für das Auge unsichtbare Wirklichkeit. Besonders interessant dabei ist, daß in solchen Modellen der Unterschied zwischen dem, was Menschen sich nur vorstellen, und dem, was wirklich ist, verschwindet. Hinter dem Modell steht nicht noch eine Wirklichkeit, mit der man das Modell vergleichen könnte. Die Richtigkeit solcher Modelle ist nur eine theoretische, keine wahrnehmbare. Der Unterschied zwischen der inneren und der äußeren Wirklichkeit löst sich auf.

Ebenso interessant sind die Bilder von Gedanken, die nicht ohne Bilder gedacht werden können. Es sind die Metaphern, Symbole und Gleichnisse. Ohne sie sind bestimmte Gedanken nicht sagbar. Sie gehören scheinbar gar nicht zur Wirklichkeit, existieren aber doch in der menschlichen Denk- und Gefühlswelt. Ein Gedanke kann uns wie ein unerträglicher Schmerz erscheinen, so schneidend wie ein Messer oder so stechend wie eine Nadel.

Dann gibt es noch die Welt der Zeichen, die eigens dafür erfunden werden, damit Menschen sich in der Welt zurechtfinden. Die Semiotik beschäftigt sich mit diesem Kosmos und erklärt uns die vielen konkreteren und abstrakteren Typen von Zeichen und ihre Funktionen. Ein Typ solcher Zeichen, die Piktogramme, ist aus unserer Welt nicht mehr wegzudenken, weil er für die Lenkung großer Menschenmengen unverzichtbar ist. Wir würden ohne Piktogramme z.B. auf einem Bahnhof nicht einmal die Toilette finden.

An keinem Bild läßt sich ablesen, ob es etwas Wirkliches zeigt, und kein Bild ist allein schon durch seine besondere Beschaffenheit unwirklich. Selbst die reinen Gedankenbilder, die wir unserem Gehirn und der besonderen Beschaffenheit unserer Phantasie verdanken, können eine enorme Wirkung auf unsere Gefühle und Gedanken haben. Es wäre ganz unsinnig zu sagen, sie seien nur eingebildet. Bilder, die der Phantasie entspringen, können beleidigend, verletzend und unerträglich sein. Wirklich sind dann zumindest diese Gefühle.

Bisher fehlt noch eine Antwort auf die Frage, wie Bilder aus der Perspektive der Wirklichkeit zu beurteilen sind. Gemeinhin nehmen wir an, daß die Wirklichkeitsperspektive die Beurteilung von Bildern von den unterschiedlichen Sichtweisen einzelner Menschen unabhängig macht. Da es aber immer Menschen sind, welche die Richtigkeit von Bildern beurteilen, bleibt auch diese Perspektive eine subjektive. Eine von uns Menschen wirklich getrennte Perspektive der äußeren Wirklichkeit können wir nicht einnehmen. Schon der Versuch wäre widersinnig. Deswegen werden wir der Frage nicht ausweichen können, was „Wirklichkeit" bedeutet. Auf dem Weg dahin stellt sich die Frage, ob wir uns auf Bilder verlassen, ob sie die Wahrheit sagen können.

Können Bilder die Wahrheit sagen?

Nachdem wir ein wenig Ordnung in die Welt der Bilder gebracht haben, fällt es uns leichter, zum Kern des Verhältnisses zwischen Bildern und Wirklichkeit vorzudringen, der Frage nämlich: Können Bilder die Wahrheit sagen? Am einfachsten ist es, erst einmal die negativ gestellte Frage zu beantworten. Bilder haben dann keinen Bezug zur Wahrheit, wenn es nicht möglich ist, die Bilder sinnvoll in Frage zu stellen. Wenn es von irgend etwas nur Bilder gibt und diese Bilder das einzige, nicht anzweifelbare Indiz dafür sind, hat es keinen Sinn zu behaupten, sie seien wahr oder falsch. Offensichtlich ist dies bei Namen, allgemein bei Zeichen, die als sichtbare oder hörbare Bilder für etwas stehen. „Schwein" bezeichnet z.B. im Deutschen das uns wohlbekannte borstige Haustier. Es hätte keinen Sinn zu behaupten, der Name „Schwein" sei wahr oder unwahr. Namen können falsch gebraucht werden, das macht sie aber nicht selbst falsch.

Nicht so einfach ist es mit Bildern, die von Künstlerinnen und Künstlern geschaffen werden, als Bilder ein Thema haben und für etwas stehen. Es kommt darauf an, wie konkret oder abstrakt das Medium des Bildes ist. Derartige Bilder, zu denen wir auch Kompositionen, Romane oder Gemälde zählen, können geglückt oder nicht geglückt sein;

wenn sie geglückt sind und ein Thema haben, können sie im Hinblick auf unsere sonstige Wahrnehmung des Themas sogar wahr sein.

Bilder können nur dann wahr oder falsch sein, wenn sie in dem Verhältnis, in dem sie für etwas anderes stehen, in Frage gestellt werden können. Damit dieses In-Frage-Stellen möglich ist, muß das Bild mit etwas vergleichbar sein, das nicht mit dem Bild selbst identisch ist. Eine Zeichnung kann ebenso wahr oder falsch sein wie eine Photographie. In all diesen Fällen kann das Verhältnis, in dem das Bild zu etwas anderem steht, in Frage gestellt werden.

Wir sind gewöhnt, die Wahrheit des Verhältnisses, in dem ein visuelles Bild zu etwas steht, auf das Bild selbst zu übertragen und zu sagen, das Bild sei wahr, es zeige z.B. etwas, was sich tatsächlich ereignete oder wirklich existiere. Diese Redeweise unterstellt, daß Bilder wie Sätze zu verstehen sind und als Träger von Wahrheit gelten können. Wir können durchaus den Versuch machen, Bilder mit Sätzen zu vergleichen, weil Bilder zumindest in der Hinsicht mit Sätzen übereinzustimmen scheinen, daß sie so wie Sätze Tatsachen beschreiben können. Wenn sich Bilder mit Sätzen vergleichen ließen und wir sie wie Sätze verstehen könnten, müßten sie eine Syntax, eine grammatikalische Struktur haben. Ein sprachliches Gebilde wie „Oskar, Auto, Baum, einen, dem, fuhr, mit, an" ist syntaktisch ungeordnet und deswegen nicht wahrheitsfähig. Anders verhält es sich mit „Oskar fuhr mit dem Auto an einen Baum".

Ein ähnliches, leicht erkennbares syntaktisches Merkmal wie Sätze haben visuelle Bilder nicht. Alle Bilder – auch Sätze – können aber Tatsachen widerspiegeln. Dann sagen wir über visuelle Bilder etwas Ähnliches, was wir über sprachliche Sätze sagen, daß sie mit den Tatsachen übereinstimmen und diese auf wahre Weise wiedergeben. Können wir aber sinnvoll sagen, daß visuelle Bilder Tatsachen beschreiben? Ist eine visuelle Wiedergabe durch ein Photo oder eine Zeichnung eine Beschreibung? Ein Spiegel beschreibt doch genaugenommen nichts, sondern zeigt nur etwas. Es gibt eine ähnliche Vielfalt des visuellen Zeigens wie des Beschreibens. Die grammatikalische Struktur erlaubt der Sprache, eine Tatsache auf ganz unterschiedliche Weise zu beschreiben. In ähnlicher Weise kann ein und dieselbe Tatsache durch mehrere Bilder gezeigt werden. Es wäre verwunderlich, wenn es keine Ähnlichkeit zwischen der Beschreibung von Tatsachen durch visuelle Bilder und durch Sätze gäbe. Schließlich sind auch Sätze, allgemein Texte einer Sprache, Bilder der Wirklichkeit. Es ist aus diesem Grund nicht überraschend, daß Bilder die Wahrheit sagen können. Daß sie lügen können, weiß jeder. Wenn sie aber lügen können, müssen sie auch die Wahrheit sagen können. Wichtig zu wissen ist nur, welche Bilder lügen und welche die Wahrheit sagen können.

Es wäre übrigens nicht nur zu einfach, sondern sogar falsch zu sagen, nur Sätze hätten eine Syntax, visuelle Bilder aber nicht. Wer Zeichnen, Malen oder Photographieren lernen will, muß eine Grammatik lernen wie beim Spracherwerb. Es gibt richtiges und falsches Sehen und richtige und falsche visuelle Beschreibungen der Wirklichkeit. Ein offensichtliches Beispiel dafür ist die Perspektive, ein anderes Licht und Schatten. Weil es eine Grammatik visueller Bilder gibt, können sie auch im Verhältnis zur sichtbaren Wirklichkeit richtig oder falsch sein.

Sichtbare, hörbare und lesbare Bilder haben darüber hinaus einen anderen, ganz eigenständigen Wahrheitsbezug. Es gibt nämlich die ästhetische Wahrheit von Bildern. Damit ist die Beziehung zwischen Bildern und menschlichen Empfindungen gemeint. Relativ zu den Empfindungen von Menschen können ästhetische Urteile über Bilder wahr oder falsch sein. Diese Wahrheit oder Falschheit bezieht sich ausschließlich auf die ästhetische Wirkung von Bildern. Ein Bild kann unterschiedliche ästhetische Wertungen auslösen. Die ästhetische Wahrheit bezieht sich ausschließlich auf diese Wertungen, nicht aber auf die Frage, ob es das, was die Bilder abbilden, gibt oder nicht. Es gibt nicht nur eine ästhetische Wahrheit. Für jede dieser Wahrheiten muß es aber eine Begründung geben, sonst verdient sie den Namen nicht.

Was bedeutet „Wirklichkeit“?

Die Frage, was es alles gibt oder was es wirklich gibt, ist verfänglich. Es gibt wirklich die vielen Bilder, die lügen; es gibt die Bilder, die es ohne das, was sie abbilden, nicht geben würde. Alle diese Bilder gibt es, weil sie von Menschen gemacht wurden. Es gibt deswegen auch die Produkte menschlicher Phantasie, Filme, Romane, Gedichte, Kompositionen. Sie sind Teil der von Menschen geschaffenen Wirklichkeit. Auch das, was wir uns einbilden, auch Lügen und Unwahrheiten können Teil der Wirklichkeit sein.

Das Falsche und das Wirkliche schließen sich nicht so aus wie das Wahre und das Falsche. Eine Aussage oder ein Satz kann nur entweder wahr oder falsch sein, aber nicht beides. Wenn eine falsche Aussage aber genauso wirklich sein kann wie eine wahre, gehört natürlich auch die Lüge zur Wirklichkeit. Läuft dies nicht auf die widersinnige Behauptung hinaus, daß auch das Unwirkliche zur Wirklichkeit gehört?

In dem Wort „Wirklichkeit“ steckt das Verb „wirken“. Ist alles, was wirken kann, wirklich? Müssen wir nicht tatsächliche von vermeintlichen Ursachen unterscheiden können? Wenn sich Oskar einbildet, er sei ein Korn und deswegen in der Gefahr, von einem Huhn aufgepickt zu werden, ist diese Einbildung zwar eine wirksame Ursache, aber dennoch ist Oskar kein Korn. Aus dem ursächlich Wirksamen wird durch die Wirksamkeit also nicht notwendig etwas Wirkliches. Es kommt darauf an, als was die Ursache existiert und welche Wirkung sie hat. Eine Einbildung ist als psychische Ursache zwar wirksam und real, das Eingebildete ist deswegen aber nicht selbst real. Das ursächliche Wirksamwerden eines Gedankens macht das, was er beinhaltet, nicht zu etwas Wirklichem. Wenn es also darum geht, ob Gedanken zur Wirklichkeit zu rechnen sind oder nicht, kommt es nicht nur auf ihre Wirksamkeit, sondern auch auf ihre Wahrheit an.

Wahrheit ist überhaupt ein hinreichendes Merkmal der Wirklichkeit, aber kein notwendiges. Wenn also ein Satz oder ein Gedanke wahr ist, gehört er damit auch schon zur Wirklichkeit. Das gilt nicht nur für Gedanken und Sätze, sondern für alle Ereignisse, die Ursachen anderer Ereignisse sind. Die Bedeutung von „Wirklichkeit" schließt also alles ein, was ursächlich wirksam und wahr ist. Es gehört aber auch all das zur Wirklichkeit, was ursächlich wirksam und nicht wahr ist wie z.B. Lügen, Phantasien oder Hirngespinste. Das ursächlich Wirksame muß nicht notwendig wahr und das Wahre nicht notwendig ursächlich wirksam sein. Das Wahre gehört aber zur Wirklichkeit, auch ohne daß es ursächlich wirksam ist. Das Falsche gehört nur dann zur Wirklichkeit, wenn es durch das menschliche Denken und Handeln ursächlich wird.

Wir Menschen haben offensichtlich großen Anteil daran, was „Wirklichkeit" bedeutet. Das liegt aber nicht nur daran, daß durch uns, durch unser Denken und Tun das Falsche, das Unwahre, die Lüge und die Hirngespinste wirklich werden. Menschen haben durch ihr Denken und ihre Erkenntnis auch Anteil daran, daß das Wahre zur Wirklichkeit gehört. Es macht zwar Sinn zu sagen, daß es Wahrheiten gibt, die wir Menschen noch nicht wissen. Da wir aber nicht sagen können, um welche Wahrheiten es sich handelt, können wir sie auch nicht zur Wirklichkeit zählen. Es sind abstrakte, inhaltslose Möglichkeiten, das, was man früher „mögliche Möglichkeiten" nannte. Wenn wir nicht entscheiden können, ob etwas wahr oder falsch ist, können wir dies auch nicht zur Wirklichkeit rechnen. Solange wir eine Theorie über etwas haben, können wir in ihrem Rahmen entscheiden, ob etwas wahr oder falsch ist. Die Physiker stellen zwar nicht den Urknall her, sie erklären aber, in welcher physikalischen Wirklichkeit wir leben. Den Zugang zur Wirklichkeit stellen wir Menschen tatsächlich selbst her. Das ist unser Privileg. Den Zugang zur Wirklichkeit nennen wir „wahres Wissen", und insofern dieses Wissen sagt und erklärt, was ist, stellen wir das, was wir wissen können, selbst her. Wir dürfen den Zugang zur Wirklichkeit allerdings nicht mit der Wirklichkeit selbst verwechseln. Die Wirklichkeit selbst zeigt sich nur durch die selbstgemachten Schlüssellöcher. Näher heran an die Wirklichkeit kommen wir Menschen nicht, und häufig haben wir durch falsche Schlüssellöcher gespäht.

Die Macht der Bilder

Es würde sich kaum lohnen, darüber nachzudenken, was Bilder eigentlich sind, wenn sie nicht so viel Macht über uns hätten und wir nicht mit ihnen Macht über andere ausüben könnten. Das wissen die Menschen offenbar schon, seit es von ihnen Zeugnisse wie Höhlenzeichnungen, Amulette und kultische Figuren gibt. Bilder haben eine Aura, die sich allein der menschlichen Vorstellungskraft verdankt, aber als Ausstrahlung den Bildern selbst zugeschrieben wird. Deswegen können Bilder in den Bann ziehen, auf Menschen eine suggestive Kraft ausüben, sie beeinflussen und steuern. Die Macht der Bilder zeigt indirekt auch das Verbot, von dem die Bibel berichtet, sich ein Bild des einen Gottes zu machen. Es richtete sich gegen den Götzendienst, gegen die Verehrung von sichtbaren Idolen, von falschen Göttern, wie sie in den Kulturen Mesopotamiens und Ägyptens üblich waren. Das Bildverbot sollte vor der Anmaßung bewahren, sich mit einem Bild Macht über den einen, unsichtbaren Gott zu verschaffen und sein Geheimnis und seine Allmacht einzuschränken. Auf das Bildverbot beriefen sich dann die Bilderstürmer, die wir in vielen Epochen finden. Sie wollten die Macht derer, denen die Bilder gehörten, zerstören und vollzogen dies symbolisch an den Bildern.

Bilder können nicht nur Macht gewinnen über das, was Menschen tun, sondern davor schon über das, was sie denken und empfinden. Macht haben Bilder über das Denken nur, wenn sie Gefühle hervorrufen. Auch wenn Bilder nur informieren und aufklären sollen, werden sie von mehr oder weniger starken und von mehr oder weniger bewußten Empfindungen begleitet. Sie können die menschliche Gefühlswelt besser instrumentalisieren als jedes andere Medium. Die Bedeutung der öffentlichen Medien, vor allem des Fernsehens, verdankt sich zu einem großen Teil dieser Macht der Bilder.

Seit Bilder technisch reproduzierbar sind, konnte ihre Macht immer wieder vervielfacht, seit Bilder aber gänzlich elektronisch herstellbar sind, kann ihre Macht in beispielloser Weise verfeinert werden. Wir Menschen können erstmals Bilder des Kosmos, die Geburt und den Untergang von Sternen sehen; Räume mit einer Ausdehnung von hunderten Lichtjahren werden sichtbar. Wissenschaftler dringen mit bildgebenden Verfahren in das Innenleben des menschlichen Gehirns, ja bis in das Innenleben von Zellen vor und machen den Weg von gefährlichen Viren in die Zellkerne sichtbar. Wir Menschen können mit Bildern aber auch perfekt, ohne daß die Manipulation erkennbar wird, betrogen werden. Mit Bildern, die zu schnell sind, als daß wir sie bewußt wahrnehmen könnten, können wir außerdem über unser Unterbewußtsein beeinflußt werden. Dieser Abstand zwischen Erhabenem einerseits und Niederträchtigem andererseits ist bei der Bilanz über das Positive und das Negative der Macht der Bilder extrem. Diese Bilanz ist aber kaum zum Positiven zu wenden. Da das Positive der Macht der Bilder unverzichtbar ist, bleibt das Negative unvermeidbar.

Wir leben in der westlichen Welt mit einem rationalistischen und aufgeklärten Bewußtsein. Götterbilder haben keine Macht mehr über uns. Wir wären allerdings Heuchler, wenn wir mit Bedauern und Verachtung auf die Menschen herabsehen würden, die Tausende von Jahren von der Macht der Götterbilder ergriffen waren. Nur die Inhalte der Bilder haben sich verändert, nicht aber der Einfluß, den sie auf uns haben können. Im Gegenteil, die Macht der Bilder ist größer denn je, und ihre negative Macht wächst parallel zur positiven. Die Aufklärung über die neue Macht der Bilder hat noch nicht begonnen.

Kulturen und Werte

Wie kommen kulturelle Werte zustande?

Eine naheliegende Antwort auf diese Frage lautet: „durch Kulturen". Was aber sind „Kulturen"? Im Lateinlexikon finden wir unter „colere", dem Verb, dem wir das Wort „Kultur" verdanken, eine verwirrende Menge von Bedeutungen: bauen, Ackerbau treiben, wohnen, Sorge tragen, verpflegen, schmücken, ausbilden, verehren – das sind nur einige. Wenn Kultur aber so gut wie alles einschließt, was Menschen bewußt und absichtlich tun können, führt die Frage, was „Kultur" bedeutet, nach wenigen Schritten zur Frage, wer wir Menschen eigentlich sind. Auf diese Frage gibt es viele Antworten. Der große Aristoteles meinte, wir Menschen seien vernunftbegabt, Wesen mit Sprache und Gemeinschaftswesen. Das sind wir wohl auch, jedenfalls häufig. Wenn wir aber wissen wollen, wie menschliche Kulturen in ihrer unüberschaubaren Vielfalt und Gegensätzlichkeit möglich sind, sollten wir den Blick auf ein anderes Merkmal lenken. Wir Menschen sind Schöpfer und Zerstörer von Werten. Kulturen sind das Ergebnis von Wertschöpfungen und Wertzerstörungen. Nur so ist die Vielfalt der Kulturen erklärbar.

Lange galt die Unterscheidung zwischen Natur und Kultur als selbstverständlich. Einige sprachen von Kultur als einer „zweiten Natur", als gäbe es zwei Naturen, eine animalische, unkultivierte und eine humane, kultivierte. Wir Menschen würden nach diesem dualistischen Konzept dann an beiden teilhaben oder vom einen zum anderen durch Kultivierung übergehen, im Zeitraffer vom nackten Wilden zur Dame im Abendkleid oder zum Herrn im Smoking. Diese Vorstellung von Kultivierung und Kultur als zweiter Natur ist nicht aufrechtzuerhalten. Denn es gibt nichts, was wir bewußt und absichtlich tun, was nicht gleichzeitig werteschöpfend oder wertezerstörend ist. Es gibt nichts, was Menschen tun, was nicht kulturell geprägt wäre. Deswegen sind alle Werte kulturelle Werte. Die Geschichte der Art Homo sapiens sapiens ist von Anfang an eine Kulturgeschichte, und Kulturgeschichte ist eine Geschichte der Werteschöpfung und Wertezerstörung.

Betrachten wir ein vorgeschichtliches Beispiel. Die Malereien, die vor etwa einem Jahrzehnt in der Grotte Chauvet im Département Ardèche gefunden wurden, stammen aus der späten Steinzeit, also lange bevor Menschen ihre Geschichte späteren Generationen mitteilen wollten. Die Entstehung der Höhlenmalereien wird auf 32 000 bis 25 000 v. Chr. geschätzt. Diese Schätzungen der Felskunst liegen beträchtlich über früheren Vermutungen. Solche Funde weisen darauf hin, daß Menschen auch in ihren frühesten Entwicklungsphasen nicht erst eine Natur und dann später auch noch eine Kultur hatten. Sie waren von Anfang an Wertschöpfende, schufen sich ihre Kultur durch die Art, wie sie sich ernährten, wie sie ihre Toten bestatteten, wie sie ihr Verhältnis zum Tierreich verstanden, wie sie sich die Welt erklärten, welche höheren Wesen sie verehrten und wie sie sich vor der Unbill der Witterung und ihren Feinden schützten. Die menschliche Natur war von Anfang an Kultur.

Werte kommen im menschlichen Handeln zustande. Was immer Menschen absichtlich und bewußt tun, aber auch das, was ihnen in Fleisch und Blut übergegangen ist, was sie gelernt, sich an Verhalten angeeignet haben und dann unbewußt tun, schafft oder zerstört Werte. Eine der grundlegendsten Tätigkeiten von Menschen ist, daß sie versuchen zu verstehen, was ist, was es gibt, was wie zustande kam, was Sinn und Zweck von etwas ist. Sie versuchen sich dann das, was nach ihrem Verständnis brauchbar ist, anzueignen und zu eigen zu machen. Was sich Menschen aneignen, ist wertvoll, hat Wert für sie, sei es ein Kieselstein oder das Wissen um bestimmte Zusammenhänge, sei es ein Tier, ein Stück Land, eine Fähigkeit oder eine Technik. Werte entstehen in jeder Art von Aneignung, in Gedanken oder in Taten, aber auch unbewußt als Folge von Gewöhnung. Wie das Wort „Aneignung" aber schon sagt, steckt darin der Bezug des Menschen zu sich selbst, zum Eigenen, zum eigenen Selbst.

Die menschlichen Kulturen entwickelten sich von Anfang an als Selbsteinsetzungen des Menschen nach dem Muster: „Das ist meine Welt." Welt ist übrigens nicht Natur. Natur gibt es vor dieser menschlichen Selbsteinsetzung, aber dann nicht mehr ganz unabhängig von ihr, weil wir erheblichen Einfluß auf die Natur nehmen.

Welt ist das Ergebnis der Selbstbestimmung und der Selbsteinsetzung des Menschen als Bewohner der Erde und als Beobachter des Kosmos. Deswegen gibt es so viele Welten, wie es Kulturen gibt. Kulturen sind Weisen, eine Welt herzustellen. Kulturen sind aber auch Weisen, eine Welt zu zerstören. Weder in den kreativen noch in den destruktiven Prozessen wird etwas von dem ausgelassen, was ist. Wovon immer Menschen wissen, daß es wirklich ist, und was sie erklären und deuten, hat eben dadurch eine kulturelle Bedeutung, das Atom ebenso wie das Brot, das Wasser ebenso wie der Wein.

Kulturen erzählen die Geschichten, wie sich Menschen ihre jeweilige Welt, ihre jeweilige Wirklichkeit angeeignet haben, wie sie versuchten, die Welt zu erklären, zu verändern, eine Welt zu schaffen und in Besitz zu nehmen. Kulturen sind gleichzeitig die Geschichten der menschlichen Selbstidentifikation. Nicht nur einzelne Menschen, auch Stämme, Familien, Gruppen, Gesellschaften, Religionen und Nationen suchen ihre Identität, geben sich einen eigenen Ausdruck. Das können sie nur, wenn sie sich von anderen unterscheiden.

Bewußte und unbewußte Werte, globale und regionale Kulturen

Werte entstehen und vergehen nicht nur durch bewußte und beabsichtigte, sondern auch durch unbewußt vollzogene Tätigkeiten. Das alltägliche menschliche Verhalten besteht aus vielen unbewußt vollzogenen Akten, die uns wie das Grüßen, die Nahrungsaufnahme, das Radfahren und andere Routinen in Fleisch und Blut übergegangen sind. Zu den tiefsitzenden Verhaltensmustern gehören auch Tabus, also Wertvorstellungen, zu denen wir uns als einzelne Menschen nie entschieden haben, die aber dennoch einen großen Einfluß auf unser Verhalten haben – sexuelle Tabus, religiöse Tabus, Verbote, zu deren Einhaltung sich die meisten Menschen in einer Kultur nicht zwingen müssen, weil sie unbewußt wirksam sind.

Wenn wir Kulturen als Werteschöpfungen verstehen, wird uns klar, daß es bei allem, was wir Menschen tun und was mit uns geschieht, keinen Dualismus von Natur und Kultur gibt. Außerdem verstehen wir auf diesem Weg, wie es zu der unübersehbaren Vielfalt von Kulturen kommen konnte. Gleichzeitig wird uns aber auch klar, daß es Weisen gibt, eine Welt herzustellen, die nicht auf

Vielfalt, sondern auf Einheit zielt. Denn aus ein und derselben Wurzel, aus demselben Versuch, das, was existiert, zu verstehen und zu erklären, entstehen nicht nur die kulturelle Vielfalt, sondern auch die Kulturen, die auf Einheit und Ganzheit gerichtet sind und als globale Kulturen gelten. Dazu gehören die Wissenschaften und die Ökonomie. Beides sind ganz besonders fruchtbare und erfolgreiche Weisen der Schaffung von Werten. Im einen Fall geht es um die Bildung und den Austausch von Wissen, im anderen um die Schaffung und den Austausch von Gütern. Auch das Recht und die Politik können zur Entwicklung globaler Kulturen beitragen.

Daß sowohl die kulturelle Vielfalt als auch die Einheit globaler Kulturen ein und dieselbe Wurzel in der menschlichen Fähigkeit zur Werteschöpfung haben, mutet merkwürdig, beinahe widersprüchlich an. Es ist aber nicht merkwürdiger oder widersprüchlicher als die Tatsache, daß wir einerseits davon überzeugt sind, es könne wissenschaftlich nur eine Wirklichkeit geben, andererseits aber der Vielfalt der Kulturen und Welten einen hohen Wert beimessen. Es ist leicht nachvollziehbar, daß die Orientierung an einem einheitlichen Nenner in den Wissenschaften und in der Ökonomie das begünstigt, was wir „Globalisierung" nennen.

Die global wirksamen Kulturen dürfen nicht gegen die lokal verankerten Kulturen ausgespielt werden, weil sie aus derselben menschlichen Fähigkeit stammen. Andererseits stehen sie ebenso miteinander in Konkurrenz wie viele lokale Kulturen. Außerdem gibt es den Konflikt zwischen der ökonomischen Globalisierung und den lokalen Kulturen. Dieser Konflikt ist nicht zu leugnen, er ist aber weder geringer noch größer als die vielen Konflikte zwischen regionalen Kulturen. Es kann nicht um die Beseitigung, sondern lediglich um die Beherrschung und Kontrolle dieser vielfältigen Konflikte gehen. Selbst in Europa herrscht die Gefahr kulturell bedingter Konflikte nach dem Ende des Ost-West-Konflikts. Der kulturelle Regionalismus, der sich militant gibt und den Frieden gefährdet, darf keinen Artenschutz genießen, nur weil er kulturelle Wurzeln hat.

Kulturgeschichte

Die Geschichte der Kulturen der Menschheit ist eine Geschichte der Eroberungen. Bis vor wenigen Jahrzehnten war es noch Sitte – oder Unsitte –, daß sich die Kulturen mit ihren Eroberungen offen und ohne Scheu brüsteten. Wer irgendwo auf der Welt ein Nationalmuseum besucht, kann Trophäen bewundern, die an die eigenen Siege und die demütigenden Niederlagen der anderen erinnern.

Das kulturelle Gedächtnis hat eine Art ewiges Leben. An der Nahtstelle zwischen der ebenfalls vor mehr als einem Jahrtausend geprägten orthodoxen byzantinischen und der katholischen römischen Kultur auf dem Balkan wurde der letzte europäische Krieg geführt. Es liegt dort nicht einmal eine Sprachgrenze. Wenn es keine europäischen Friedenstruppen auf dem Balkan gäbe, wäre der Krieg vielleicht noch nicht zu Ende. Auch zwischen Nordirland und dem Rest der Insel gibt es keine Sprachgrenze. Die historischen Ereignisse, an die sich die Akteure des kulturellen Gedächtnisses bei ihren Festen des Hasses in Belfast und Londonderry erinnern, liegen Jahrhunderte zurück.

Das sind nur wenige und dazu noch europäische Beispiele für Kulturgeschichten als Geschichten von Eroberungen. Es gibt in diesen Geschichten immer Eroberer und Eroberte, Sieger und Besiegte. Die Besiegten haben ein Gedächtnis, das viele Generationen überdauert und nicht nur dort wirksam ist, wo es – wie im Nahen Osten – frisch ist. Es wäre aber zu einfach, den Eroberungscharakter von Kulturgeschichten auf militärische Eroberungen zu beschränken. Denn diese Eroberungen setzen ganz andere voraus. Die Mächte der Aneignung, die typisch für die Kulturgeschichten sind, haben friedlichere Namen: Mythos, Religion, Kunst, Medizin, Philosophie, Wissenschaft, Landwirtschaft, Technologie, Ökonomie. „Krieg" ist zwar auch ein Name für die erobernde Aneignung, aber die anderen Mächte der Aneignung sind nicht weniger erfolgreich. Häufig war die Kulturgeschichte geprägt von einer Art logischen Abfolge von Akquisitionen. Mit Mythen wurde der Boden für Religionen bereitet oder verteidigt. Auf technologische Entwicklungen und Eroberungen folgten oft kriegerische, und diese legten den Grundstein für ökonomische. Nur wenige werteschöpfende Mächte verfolgen mit ihren Eroberungen kein Herrschaftsinteresse. Dazu zählen einige, nicht alle Religionen, viele Künste, einige, nicht alle Humanwissenschaften, die Philosophie und die Naturwissenschaften, wenigstens nach dem Zweiten Weltkrieg.

Kulturell erzeugte Konflikte und das Selbstbild der Menschen

Die Methoden der Aneignung, die allen wirklichen Eroberungen zugrunde liegen, verändern die jeweilige Wirklichkeit. Je tiefer eine Aneignung reicht, desto nachhaltiger verändert sie die Wirklichkeit und damit das Selbstbild der Menschen. Uns leuchtet dies nicht unmittelbar ein, weil wir durch unsere wissenschaftliche Bildung daran glauben, daß es nur eine Wirklichkeit gibt. Das stimmt wohl auch, prägt aber nicht das Selbstbild der Menschen. Was das menschliche Selbstbild prägt, verstehen wir am besten indirekt: Die Veränderungen und Wandlungen des menschlichen Selbstbilds spiegeln sich nämlich in politischen, religiösen und ethnischen Konflikten. Wir Menschen mögen uns als Wissenschaftler als Angehörige einer globalen Wissenschaftskultur verstehen. Ansonsten gehören wir irgendwohin, haben eine bestimmte Religion und Sprache, fühlen uns irgendwo zu Hause. Was prägt unser Selbstbild mehr, die Wissenschaftskultur oder die lokale, heimatliche Kultur? Wir tragen den Konflikt zwischen globaler und lokaler Kultur in uns selbst aus, wenn wir darüber nachdenken, wo wir selbst stehen, wenn es z.B. um Menschenwürde, um Sterbehilfe und um den Lebensschutz geht. Nicht einmal die Wissenschaftler sind in diesen Konflikten von vornherein entschieden. Sie urteilen eben nicht nur als Wissenschaftler, sondern als Angehörige einer bestimmten Kultur.

Das Selbstbild jedes einzelnen Menschen ist nicht nur in einem äußerlichen Sinn kulturell geprägt. Prägungen können zwar äußerlich sein, aber gerade deswegen auch verändert werden wie der Gebrauch des Dialekts. Im Falle des Verhältnisses zwischen Selbstbild und Kultur geht die Prägung tiefer und ist nicht wirklich vollkommen zu ersetzen oder auszutauschen. Eine kulturelle Prägung ist höchstens modifizierbar. Das liegt daran, daß Kulturen unauflöslich mit dem menschlichen Selbstbewußtsein verbunden sind. Das klingt verwickelter, als es ist. Menschen nehmen sich selbst so wahr, wie sie gelernt haben, die Wirklichkeit wahrzunehmen, und diese Wahrnehmung hängt davon ab, was sie überhaupt gelernt haben. Die Fähigkeiten der Menschen, sich selbst wahrzunehmen, sind durch Sprache und Bildung, durch Religion und Ethnie, durch Landschaft und Herkunft geprägt. Der Zugang zur Wirklichkeit ist gleichzeitig der Zugang zum eigenen Selbst. Aus diesem und keinem anderen Grund ist das Verhältnis zwischen Kultur und Selbstbewußtsein unauflöslich. Sobald wir gelernt haben, uns selbst zu identifizieren, wissen wir, wer die anderen sind, wer der andere und was das andere ist. Wir können dann Freunde von Feinden, Gleiche von Ungleichen, Hiesige von Fremden, das Lokale vom Globalen unterscheiden. Deswegen ist das kulturell geprägte Selbstbewußtsein unvermeidlich lokal, an bestimmte Orte gebunden und auch deswegen eine Quelle vielfältiger Konflikte.

Auch wenn wir global lernen durch die Wissenschaften und durch den wirtschaftlichen Austausch, bleibt das lokal Gelernte das Grundmuster unseres Selbstverständnisses. Auch als Weltbürger haben die Menschen irgendwo ihren Ort. Das lokal Gelernte, die lokal geprägte Selbstidentifikation und Wertestruktur können modifiziert, aber nicht vollständig durch eine andere Identität oder Wertestruktur ersetzt werden. Menschen würden sonst ihre Identität verlieren. Außerdem gibt es nur wenige positive Wertstrukturen, die sich leicht und ohne größere Widerstände globalisieren lassen. Selbst die globalen Kulturen der Wissenschaften und der Ökonomie tun sich nicht leicht, und die Menschenrechte und das internationale Recht kämpfen noch ebenso darum, eine globale Kultur zu werden, wie der Umweltschutz und die Bekämpfung der Armut und des Hungers. Dagegen entwickeln sich die kriegerischen Kulturen global sehr rasch.

Warum wachsen kulturelle Konflikte auch heute?

Wir sehen aus unserem europäischen Fenster voller Entsetzen und Unverständnis in den Nahen und Mittleren Osten und lesen in Zeitungen, wie Hunderte von Menschen Opfer von Selbstmordattentätern werden. Viele Menschen werden durch ihr kulturelles Selbstverständnis und nicht etwa aus Dummheit in die Falle der Terroristen gelockt. Sowohl den Opfern als auch den Tätern scheint die religiöse Pflicht heiliger zu sein als ihr Leben. Wir sollten uns von unserem Entsetzen aber nicht daran hindern lassen, nach den Ursachen für das offensichtliche Wachstum kultureller Konflikte zu suchen.

Es ist uns Europäern zwei Jahrhunderte nach der Epoche der Aufklärung rätselhaft, warum die Gegensätze zwischen den globalen Kulturen der Wissenschaften und der Ökonomie auf der einen und den religiös geprägten Kulturen auf der anderen Seite wachsen. Diese Gegensätze wachsen nicht nur andernorts, sondern auch bei uns selbst. Die Debatte um den Lebensschutz und die Sterbehilfe ist dafür ein Beispiel. Das Anwachsen dieses Gegensatzes zwischen wissenschaftlich und religiös geprägten Wertvorstellungen ist durch den Unterschied zwischen den lokal und den global geprägten Kulturen nicht erklärbar. Wir müssen damit rechnen, daß diese Kulturen immer mehr auseinanderdriften und in einen immer unversöhnlicheren Gegensatz geraten. Es ist wichtig, dies angesichts der dramatischen und spektakulären Ereignisse im Nahen und Mittleren Osten nicht aus den Augen zu verlieren. Denn jener Konflikt zwischen lokalen und globalen Kulturen, der sich an ethischen Problemen der Forschung mit Stammzellen entzündet, entwickelt sich mitten in Europa.

Wir kennen einige Ursachen für das Wachstum der Konflikte zwischen lokalen und globalen Kulturen. Die Dynamik der Wissenschaftsentwicklung übertrifft den Lernprozeß lokaler Kulturen. Deshalb gibt es auch in aufgeklärten Gesellschaften Wissenschafts- und Technikfeindlichkeit. Das sind aber nur Symptome, keine Ursachen kultureller Konflikte. Dann gibt es eine erstaunliche Zunahme an Aberglauben und Irrationalität. Es ist sicher richtig, daß kulturelle Konflikte unvereinbare Überzeugungen und gegensätzliche Vorstellungen der Wirklichkeit widerspiegeln. Wenn dies so ist, muß man sich fragen, welche Chancen eine der großen Errungenschaften der europäischen Geschichte seit dem 16. Jahrhundert, die Idee der Toleranz, heute noch hat.

Toleranz

Unter „Toleranz" verstehen wir den rechtlich und politisch gesicherten Frieden trotz kultureller Gegensätze. Die Unvereinbarkeit religiöser Überzeugungen und Wertvorstellungen wird durch Toleranz weder beseitigt noch aufgelöst. Keine Religion, die etwas auf sich hält, kann sich den Verzicht auf den absoluten Wahrheitsanspruch leisten oder ihren Gläubigen zumuten.

Natürlich sind auch Religionen kulturelle Schöpfungen, ebenso wie alles, was „absoluter Wert" oder „absolute Wahrheit" genannt wird. Auch das, was mit dem Adjektiv „absolut" versehen ist, wurde von Menschen mit bestimmten Interessen so genannt. Es ist also immer relativ zu dem, was diese Menschen wollten. Dennoch wäre es naiv zu meinen, diese Relativität der absoluten Ansprüche von Religionen verbessere die Chancen der Toleranz, im Gegenteil. Es ist gerade der global vorgelebte westliche Relativismus, den muslimische, christliche und andere Fundamentalisten als Provokation empfinden. Das eigene Leben ist ihnen weniger wert als ihre absoluten Wertvorstellungen, die sie gegen den westlichen Nihilismus und Materialismus verteidigen zu müssen meinen.

Die europäische Politik hat immerhin drei Jahrhunderte nach den Erfahrungen des Dreißigjährigen Krieges mit den Mitteln des Rechts, der unabhängigen Rechtsprechung und dem demokratisch legitimierten staatlichen Gewaltmonopol der Idee der Toleranz ein solides Fundament gegeben. Es konnte sich in Mitteleuropa erst nach den beiden Weltkriegen des 20. Jahrhunderts etablieren und erwies sich als stabil. Dieses Fundament soll europaweit verbindlich werden, um durch kulturelle Konflikte geschürte Katastrophen wie den Balkankrieg künftig zu vermeiden. Auch gegen den internationalen Terrorismus gibt es kein anderes Mittel als das der rechtsstaatlichen, mit einem legitimierten Gewaltmonopol verbundenen Sicherung der Toleranz.

Kulturen erzeugen unvermeidlich Konflikte, ähnlich wie Menschen mit allem, was sie planvoll tun, unvermeidlich Werte schaffen oder zerstören. Auch die Idee der Toleranz, das Recht und die Formen des legitimen Gewaltmonopols sind kulturelle Leistungen. Kulturen können also durchaus die Mittel schaffen, die dazu beitragen, die Konflikte, die sie erzeugen, auch einzudämmen oder unter Kontrolle zu halten. Leider ist Frieden kein primärer kultureller Wert.

Der Terrorismus kann heute jeden kulturell bedingten Konflikt aus seiner eigenen ursprünglichen Umgebung lösen und an jeden beliebigen anderen Ort tragen. Der terroristische Krieg ist ein indirekter. Er arbeitet nach dem Prinzip der Geiselnahme. Er trifft direkt Unschuldige und macht sie zu Opfern, an deren Tod, wie die Akteure behaupten, die andere Seite schuld ist. Der Erfolg wächst mit der Zahl der Opfer. Die globale Mobilität dieser Art Terrorismus ist mit herkömmlicher Kriegstechnik nicht zu bändigen. Das ist nur eine Seite des Problems. Die andere ist, daß dieser Terrorismus die Wirksamkeit der rechtlich gesicherten Toleranz gefährdet. Denn die Sicherung der Toleranz durch das Recht und durch das staatliche Gewaltmonopol setzt territoriale Integrität voraus. Wenn es den Terroristen gelingt, an jedem beliebigen Ort der Erde Geiseln zu nehmen, wird der staatliche Schutz der Toleranz ad absurdum geführt. Die territoriale Integrität wird in Frage gestellt. Wenn Toleranz aber nicht mehr zuverlässig territorial geschützt werden kann, verlieren die Menschen den Glauben an ihren Wert. Es beginnt dann eine langsame Korrosion der Toleranz, weil die privaten Gefühle dem Fremden gegenüber nicht mehr durch das Recht in Schranken gehalten werden. Primärschäden dieser Korrosion sind Fremdenfeindlichkeit und Unduldsamkeit gegenüber dem anderen, dem Andersdenkenden und Andersgläubigen.

Aus alledem folgt, daß wir Europäer dafür Sorge tragen sollten, die Korrosion der Toleranz zu verhindern. Das wird nicht einfach sein, wenn sich die territoriale Integrität nicht dauerhaft sichern läßt. Für diese Sicherung kennt wohl kaum jemand ein erfolgversprechendes Rezept. Sicher kann aber der Erfolg der Europäer bei der Kontrolle ihrer eigenen kulturellen Konflikte untereinander den Glauben an die Zuverlässigkeit des Rechts und der Politik bei denjenigen festigen, die aus muslimischen oder anderen Kulturen stammen und bei uns leben. Wenn

Europa diese Menschen zu Anhängern der Idee der Toleranz machen kann, wird es den internationalen Terroristen schwerer fallen, eine Logistik für ihr Netzwerk in Europa aufzubauen.

Es mag enttäuschend sein, daß die menschlichen Kulturen aufgrund ihrer Vielfalt und Gegensätzlichkeit keinen Frieden stiften, sondern Konflikte erzeugen. Die Idee der Toleranz und ihre Sicherung durch legitime rechtsstaatliche Mittel ist aber auch eine kulturelle Leistung, die aus der Erfahrung des Krieges und menschlicher Katastrophen geboren wurde. Deswegen hat sie einen ganz besonderen Wert. Wenn es schon keine konfliktfreien Verhältnisse unter den Kulturen geben kann, sollte es wenigstens den Frieden geben, der durch rechtlich gesicherte Toleranz möglich ist. Dieser Frieden wird durch wechselseitige Duldung und Nachsicht lebenswerter und menschenwürdiger. Es sollte aber nicht darauf ankommen, ob Menschen sich wechselseitig dulden und Nachsicht üben wollen. Verlassen wir uns lieber auf das Recht.

Zeit

Zeit für richtige Entscheidungen

Die Zeit fordert uns Menschen ständig und ohne Unterbrechung heraus. Wir merken das nicht immer, aber immer dann, wenn wir eine Entscheidung treffen sollen. Wenn wir genügend Zeit hätten, könnten wir uns immer richtig entscheiden und am Ende jeden Mangel und jedes Übel mit mehr oder weniger Mühe vermeiden. Das klingt wie eine wunderbare Utopie. Überall ließe sich mit genügend Zeit mangelndes Wissen und Können und jedes andere knappe Gut irgendwann ausgleichen. Dann kämen wir nie unter Druck. Niemand müßte mehr wegen zuviel Streß an einem Herzinfarkt sterben. Jede Entscheidung, die zu treffen wäre, könnte am Ende nach hinreichend langer Vorbereitung nur eine richtige sein. Alles würde gut.

Wie die meisten Utopien ist auch diese schrecklich. Es stimmt zwar, daß die Zeit eine größere Herausforderung für uns Menschen darstellt als jede andere, weil die Zeit das knappste aller Güter und durch keine Macht der Welt aufzuhalten und zu vermehren ist. Es wäre aber trostlos, jämmerlich, langweilig, letztlich tödlich, wenn wir jede Zeit der Welt hätten, um alles richtig zu machen. Unbegrenzte Zeit wäre der größte, gnadenloseste Gleichmacher und der Tod jedes Wettbewerbs.

Der Wert einer Entscheidung hängt neben vielem

anderem vor allem von der knappen Zeit ab. Wer in der Lage ist, die Zeit am besten zu nutzen und in möglichst kurzer Zeit richtig zu entscheiden, trifft die beste Entscheidung. Es wäre ein Irrtum zu meinen, der Wert einer Entscheidung wachse mit der Zeit, die man für sie benötigt. Natürlich geht es, was den Wert einer Entscheidung angeht, auch noch um einige andere knappe Güter, z.B. um Informationen, Wissen, Können, Arbeitskraft, Geld und andere Ressourcen. Diese anderen, weniger knappen Güter bremsen die Eile, weil wir möglichst viele Informationen sammeln, möglichst viel Wissen, Können und Arbeitskraft aufwenden wollen, um mit den begrenzten Ressourcen die bestmögliche Entscheidung zu treffen. Rasch und in Eile zu entscheiden ist also weder erstrebenswert noch vernünftig.

Es stimmt zweifellos, daß kein Mensch die Zeit mehren oder aufhalten kann, und es stimmt auch, daß wir alle auf gleiche Weise unter ihrer Knappheit leiden. Daraus zu schließen, daß wir alle die gleiche Zeit für jede unserer Entscheidungen haben, wäre aber ein geradezu tragischer Irrtum. Die gut Informierten haben eben doch mehr Zeit als die schlecht Informierten. Das gilt auch für diejenigen, die mehr wissen und können als andere, und für diejenigen, die mehr Ressourcen haben und sie besser einsetzen können als andere. Die steigerbaren knappen Güter wie Information, Wissen und Können haben offensichtlich einen enormen Einfluß auf die verfügbare Zeit. Die Klügeren, die besser Informierten, die Geschickteren, sagen wir einfach die Besseren haben mehr Zeit, richtig zu entscheiden, als die anderen. Sie haben mehr Zeit, weil sie die Zeit besser nutzen können. Deswegen müssen sie auch nicht „mit heißer Nadel nähen".

Gerechtigkeit kann ein wahrer Trost sein. Es ist doch nur recht und billig, wenn sich Wissen und Können lohnen. Wer das, wovon wir alle gleich viel oder gleich wenig haben, eben die Zeit, besser nutzen kann, hat mehr davon. Natürlich hat niemand vor einer Entscheidung wirklich mehr Zeit als sein Konkurrent. Für jeden hat die Stunde sechzig Minuten und der Tag vierundzwanzig Stunden. Aber so, wie der Klassesprinter um einiges rascher am Ziel ist als wir Langsameren, kommt der Bessere in der gleichen Zeit weiter als der Schlechtere.

Daraus könnten wir schließen, daß es darauf ankommt, den Dummen keine Chance zu geben, damit die Klugen den Trost der Gerechtigkeit und die Früchte ihres Könnens dauerhaft genießen dürfen. Das wäre aber erneut ein schwerer Irrtum, weil eine gute Entscheidung niemals getroffen werden kann, wenn sich die Klugen in dem, was sie entscheiden, an den Dummen orientieren. Nein, die Klugen müssen sich mit anderen Klugen messen, wenn sie die beste Entscheidung treffen wollen. Je mehr wir Menschen anderen an Können und Wissen zutrauen, desto besser werden unsere eigenen Entscheidungen. Der verzeihlichste Irrtum ist, andere besser eingeschätzt zu haben, als sie sind. Wenn wir uns darüber täuschten, daß andere in kürzerer Zeit eine bessere Entscheidung treffen können als wir selbst, weil wir dachten, sie seien besser als wir, haben wir mit der richtigen Einstellung entschieden. Das heißt natürlich noch lange nicht, daß wir bestmöglich entschieden haben. Richtig an der Einstellung ist aber, daß wir die Zeit, die wir uns für unsere eigene Entscheidung nahmen, allein an der Qualität der Gegner und nicht an der Quantität der nötigen Zeiteinheiten orientierten. Nichts ist unsinniger, als die für eine Entscheidung verfügbare Zeit nach deren Quantität, also nach Tagen und Stunden, zu beurteilen. Das vernünftige Maß der Zeit für die eigene Entscheidung ist die Qualität der Gegner, verglichen mit der eigenen. Schnelligkeit an sich ist bei Entscheidungen keine vernünftige Qualität.

Da wir uns bei diesem Vergleich der Qualitäten leicht verschätzen, leiden unsere Entscheidungen an einer Unsicherheit, die beträchtlichen Einfluß auf das Zeitmaß unserer Entscheidungen hat. Das Zeitmaß ist naturgemäß dann richtig, wenn wir den Qualitätsvergleich richtig angestellt haben. Es kommt also darauf an, diesen Vergleich so gut wie möglich zu machen. Nun hat nicht jede Entscheidung einen anderen zum Gegner. Und häufig unterschätzen wir andere und überschätzen uns selbst. Deshalb ist es sinnvoll, mit der Optimierung des Qualitätsvergleichs bei sich selbst anzufangen. Die Qualität der Selbstkenntnis bestimmt das richtige Zeitmaß für eine Entscheidung. Ich muß wissen, wie lange ich brauche, um einigermaßen sicher und umsichtig entscheiden zu können. Eine kleine Anleihe beim großen Entscheidungstheoretiker John Nash kann bei der Bestimmung des Zeitmaßes helfen. Das Nash-Gleichgewicht besagt, daß ein Akteur dann rational entscheidet, wenn er eine Entscheidung trifft, die ihn unabhängig von dem macht, was sein Konkurrent tut. Damit sichert man sich meist nur das Zweit- oder Drittbeste, man ist aber auch sicher, daß man das kriegt, wofür man sich entschieden hat. Auf das Zeitmaß übertragen, würde der Rat Nashs darin bestehen, sich die Zeit zu nehmen, die man braucht, egal wieviel Zeit der ebenbürtige, der überlegene oder unterlegene Konkurrent für seine eigene Entscheidung benötigt.

Die Sache hat nur einen Haken. Wer ist schon zufrieden mit dem Zweit- oder Drittbesten? Rational entscheiden bedeutet nicht notwendig, die bestmögliche Entscheidung zu treffen. Deswegen ist es aber nicht falsch, sich um die bestmögliche Selbsteinschätzung zu bemühen. Wenn wir uns selbst, unsere eigenen Chancen und die der Konkurrenz nämlich richtig einschätzen, machen wir keine allzu großen Zeitfehler. Solche Fehler entstehen nicht nur, wenn wir uns selbst über- und die Konkurrenz unterschätzen. Zeitfehler machen wir auch, wenn wir die Konkurrenz überschätzen. Auch hier macht sich die knappe Zeit wieder unangenehm bemerkbar. Risikofreude zahlt sich nämlich nur aus, wenn man den dauerhaften Ruf solider, gut kalkulierter Entscheidung genießt. Dann kann man – unbemerkt – hin und wieder bluffen und den Überraschungseffekt nutzen. Bluffen will gelernt sein, darf aber nur dann auffallen, wenn es kein Danach gibt. Sonst ist der gute Ruf hin. Und wenn der hin ist, hat man allerdings jede Zeit der Welt, etwas ganz anderes zu machen.

Gegenwart, Erinnerung und Geschichte

Biologen können uns erklären, daß wir Menschen wie alle anderen Lebewesen eine innere Uhr haben. Sie ist tief in unseren Genen verwurzelt, hängt aber in geringerem Maß auch von den individuellen äußeren Lebensbedingungen ab und tickt ungefähr in Rhythmen von einem Tag mit vierundzwanzig Stunden. Die innere Uhr ist eine notwendige Bedingung jedes Zeitverständnisses, und zwar ohne individuelle Unterschiede. Hinreichend und prägend für das individuelle Zeitverständnis ist aber das, was jeder einzelne Mensch erlebt und aus seiner Zeit macht. Wir Menschen sind offenbar die einzigen Lebewesen, die einen subjektiven Begriff von „Gegenwart" haben. Das klingt abstrakt und bedeutet konkret, daß jeder einzelne Mensch seine eigene Zeit, genauer gesagt, seine eigenen Zeiten hat. Denn eine Gegenwart zu haben bedeutet, sich an Vergangenes zu erinnern und an Zukünftiges zu denken und es zu planen. Die Gegenwart, die jeder Mensch erlebt, ist nicht der ständig verfallende Zeitpunkt, den das Wort „jetzt" bezeichnet. Es ist im Gegenteil das dauerhafte Bewußtsein, als Person mit anderen an einem Ort, in einem Erfahrungsraum zu leben. Dieses Bewußtsein ist reflexiv, es stellt eine Beziehung zwischen der eigenen Person und anderen, zwischen der ablaufenden Zeit und den Orten, an denen man lebt, her. Was wir dabei denken, fühlen und erleben, ist das, was wir unter unserer eigenen, individuellen „Gegenwart" verstehen. Sie ist eingebettet in die geschichtliche Gegenwart, auch wenn uns diese nicht in ihren Einzelheiten bewußt ist. Da unsere individuelle Gegenwart aber aus der Erinnerung an Vergangenes und dem Denken an das, was kommen wird, besteht, ist das individuelle Zeitbewußtsein mit dem vieler anderer Menschen verbunden. Auf diese Weise hat jeder von uns auch eine Verbindung zur geschichtlichen Gegenwart als einer kollektiven Gegenwart.

Zukunft ohne Vergangenheit gibt es nicht. Es wäre sinnlos von „morgen" zu sprechen, wenn es kein „heute" und „gestern" gäbe und alle diese Zeiten keine genauen Datierungen hätten. Diese Datierungen gelten für alle Menschen in gleicher Weise, aber die Begriffe „morgen", „gestern" und „heute" verbinden immer nur die Menschen, die ein gemeinsames Leben führen. Auch wenn ihre individuellen Erfahrungen verschieden sind und von ihnen anders bewertet werden, teilen sie doch diese Zeiten und haben damit eine gemeinsame Geschichte. Trotz der unterschiedlichen Erlebnisse und Erfahrungen hat niemand sein eigenes „Heute" oder „Gestern". Denn den eigenen Erfahrungsraum gibt es ohne die anderen Menschen nicht, und ohne den Erfahrungsraum gibt es auch kein „Heute". Weil der individuelle Erfahrungsraum und die Zeiten so eng miteinander verbunden sind, haben die Menschen, die auf einem Raum zusammenleben, eine gemeinsame Geschichte. Der Raum kann größer und kleiner sein. Er grenzt immer an andere Räume an und verbindet die vielen Räume mit den erlebten Zeiten zu einer kollektiven Geschichte. Sie ist keinem einzelnen Menschen bewußt, sondern muß immer erst von Historikern geschrieben werden, damit sie bewußt werden kann. Über die gemeinsamen und getrennten Erfahrungsräume sind die individuell erlebten Zeiten mit der kollektiven Geschichte verbunden.

Es ist leicht verständlich, daß niemand seine eigene Vergangenheit, Gegenwart oder Zukunft hat. Schließlich haben wir Eltern und andere Vorfahren, wir haben Familie, Freunde und Nachbarn und Menschen, mit denen wir Gemeinsames planen. Deswegen steht jeder Mensch ohne eine allzuenge Verbindung zur kollektiven Geschichte in einer besonderen Geschichte, die ihn über ein Netz von Erinnerungen mit anderen Menschen verbindet. Und dieses Netz der Erinnerungen bietet uns Menschen nicht nur eine gemeinsame Gegenwart, sondern auch eine gemeinsame Zukunft an. Damit aus dem Netz der Erinnerungen eine gemeinsame Gegenwart und Zukunft werden kann, müssen wir Menschen dieses Angebot aber auch annehmen und an der Gegenwart der anderen im gemeinsamen Erfahrungsraum mitwirken und teilnehmen.

Das Netz der Erinnerungen kann aber Menschen nicht nur verbinden, sondern auch trennen. Dann gibt es Opfer und Täter, Betrogene und Betrüger, Verlierer und Gewinner. Das zeigen im größeren

Rahmen die Erinnerungen an Kriege und die Verbrechen, die in ihnen begangen wurden. Im kleineren Rahmen sind es die Konflikte zwischen einzelnen Menschen und die Schuld, welche die einen auf sich luden, und die berechtigte Empörung und der Schmerz der anderen. Solche Erinnerungen können den Lebensraum von Menschen für lange Zeit oder auch dauerhaft voneinander trennen. Das gemeinsame Netz der Erinnerungen bleibt aber trotz dieser Trennung nicht nur bestehen, sondern bietet denen, die diese Vergangenheit teilen, die Möglichkeit, sich in ihrer jeweiligen Gegenwart gemeinsam an das Unrecht zu erinnern. Die gemeinsame Erinnerung der Nachfahren derer, die Unrecht taten, und derer, die darunter litten, verändert das frühere Unrecht nicht, kann aber den Nachfahren der Opfer helfen, die Erinnerungen als Teil der gemeinsamen Geschichte anzuerkennen. Ohne eine solche Anerkennung ist eine gemeinsame Zukunft undenkbar.

Ethik

Gut und schlecht

Wir Menschen können zwischen „gut" und „schlecht" unterscheiden, obwohl wir nicht wissen, was diese Wörter genau bedeuten. Die Suppe, die schmeckt, die sportliche Leistung, die Schulnote oder das warme Wetter bezeichnen wir ebenso als „gut" wie die Hilfe für einen Bedürftigen und andere gute Taten. Normalerweise bilden wir Menschen in Kindheit und Jugend, angeleitet durch Erziehung, Schule, Kultur und Religion, also durch das, was man „Sitte" oder „Sittlichkeit" nennen kann, den Sinn für alles das aus, was gut und schlecht ist. Jeder bildet diesen Sinn unter der Anleitung seiner Eltern, von Schule, Freunden und Beruf für sich selbst aus.

Wer den Sinn für das Gute und Schlechte entwickelt hat, verfügt neben seinem Geschmack und seinen Wertvorstellungen vor allem über sittliche Bildung. Sittliche Bildung ist eine Mischung aus moralischem Gefühl und Urteilsfähigkeit, die im Gewissen und in der Fähigkeit, moralisch zu handeln, zum Ausdruck kommt. Die Fähigkeit, „gut" und „schlecht" im moralischen Sinn unterscheiden zu können, besteht aus diesen beiden Teilen, aus der Fähigkeit zu fühlen und aus der Fähigkeit zu denken und zu urteilen. Die Fähigkeit, denken und urteilen zu können, genügt allein so wenig wie bloße Gefühle, z.B. des Mitleids oder der Schuld. Deswegen benötigen wir für das moralische Handeln und Urteilen beides, Wissen und Empfinden. Das eine kann das andere nicht ersetzen. Es hätte deswegen keinen Sinn, einem Menschen, der nicht versteht, warum es schlecht ist, Menschen und Tiere zu quälen, eine Begründung dafür zu geben. Er würde sie nicht wirklich verstehen, weil ihm der moralische Sinn, die sittliche Bildung dafür fehlt. Es genügt nicht, nur zu wissen, daß es schlecht ist, Lebewesen zu quälen. Es muß einem auch ohne Begründung oder Belehrung klar sein. Diese Klarheit des moralischen Empfindens entwickeln wir Menschen in frühen Jahren, und auf dieser Grundlage können wir dann allmählich unsere Urteilsfähigkeit schulen und vertiefen.

Mancher wundert sich vielleicht, warum das moralische Gefühl allein nicht reicht. Dafür gibt es zwei Gründe. Es trägt nicht weit genug und kann trügerisch sein. Aus beiden Gründen benötigen wir moralisches Wissen und Urteilen, also das, was „Ethik" bedeutet. Dazu ein Beispiel. Oskars Freund Walter ist in Not geraten. Oskar ist sofort klar, daß er ihm helfen muß. Sein moralisches Gefühl reicht, weil es jemand ist, den Oskar gut kennt und mag. Wenn aber der Nachbar, den Oskar nur flüchtig kennt, in Not geraten ist, ist ihm nicht klar, daß er ihm helfen soll. Oskar sagt sich: Warum soll ich mich um Leute kümmern, die mich nichts angehen? Die Verallgemeinerung des Gebots, Menschen in Not zu helfen, ist Sache der Ethik. Sie gibt Gründe an, warum so ein Gebot für alle Menschen in gleicher Lage gilt. Oskar soll also auch dem fremden Nachbarn helfen, wenn er kann. Auch die Einsicht, daß wir nur sollen, wenn wir können, liefert die Ethik.

Die Ethik ist aber auch dazu da, trügerische moralische Gefühle zu kritisieren und so Schäden zu verhindern. Trügerisch kann z.B. das Gefühl sein, recht zu haben, obwohl man im Unrecht ist, oder sich mehr nehmen zu können, als einem zusteht. Egoismus ist eine natürliche Neigung, die häufig lebenswichtig, aber nicht selten auch schädlich für andere ist. Die Ethik hilft uns, zwischen dem erlaubten und dem unerlaubten Egoismus zu unterscheiden. Besonders schädlich sind der Egoismus einer ganzen Gesellschaft, der sich z.B. aus rassistischen oder aus religiösen Überzeugungen Vorteile zu Lasten anderer sichert, oder der Egoismus der Gesunden, die nicht für die Kranken, oder der Arbeitenden, die nicht für die Arbeitslosen aufkommen wollen.

Solidarität und Mitmenschlichkeit sind zwar keine Erfindungen der Ethik, sondern gehören zu den sittlichen Grundlagen vieler Religionen und Kulturen. Wo diese Grundlagen fehlen, kann die Ethik sie zwar nicht ersetzen, aber mit guten Argumenten zumindest dazu beitragen, Unmenschlichkeit und Mangel an Solidarität zu kritisieren und auch das Gewissen derer anzustoßen, die nicht unmittelbar betroffen sind und irrtümlich meinen, sie hätten nichts damit zu tun. Deren Entrüstung trägt vielleicht nicht weit, ist aber als berechtigter Ausdruck ihres Gewissens wichtig für das moralische Bewußtsein einer ganzen Gesellschaft. Weil die Ethik fehlende sittliche Bildung nicht ersetzen kann, macht sie die Menschen nicht moralisch besser, als sie sind. Sie bietet aber die geistigen Grundlagen, die nötig sind, um die Urteilsfähigkeit in Fragen des Guten und Schlechten zu schulen und weiterzuentwickeln.

Diese Aufgabe der Ethik wächst mit den Problemen der Lebenswelt, die von den Menschen selbst verursacht werden. Die moderne Medizin hat z.B. Möglichkeiten der Verlängerung des Lebens entwickelt, die lange undenkbar waren. Sie kann damit Menschen vor einem verfrühten Tod bewahren, hält mit denselben Mitteln aber auch häufig Menschen am Leben, die nicht mehr wirklich leben können, weil ihr Gehirn oder andere lebenswichtige Organe schon tot sind. Entscheidungen über den Abbruch von intensivmedizinischen Behandlungen überfordern das sittliche Empfinden der Menschen, die darüber zu entscheiden haben. Mit sittlicher Bildung allein lassen sich solche moralischen Konflikte nicht lösen. Die Ethik kann dazu beitragen, solche Konflikte zu entscheiden. Dasselbe trifft für viele andere Konflikte zu, die in unserer Umwelt und Lebenswelt durch die Entwicklung moderner Technologien entstanden.

Die Ethik hilft aber nicht nur, Konflikte, die aus den Entwicklungen der modernen Lebenswelt entstehen, zu lösen, sondern stellt auch die Frage, wie gut oder schlecht diese Entwicklungen im moralischen Sinn sind. Diese Frage ist dringend, weil jene Entwicklungen nicht ohne Einfluß auf die menschliche Moralfähigkeit, auf das Mitgefühl und die Mitmenschlichkeit sind. Es besteht die Gefahr, daß wir ungeduldiger und unduldsamer gegenüber den Schwächen und Leiden werden, die sich z.B. medizinisch oder sozial beheben lassen. Niemand muß – so scheint es – in unserer unmittelbaren Lebenswelt hungern, niemand muß an längst besiegten Krankheiten wie Tuberkulose sterben, niemand muß auf der Straße leben, niemand muß Analphabet sein. All diese Leiden halten wir für unnötig, weil es ein hochtechnisiertes Gesundheits- und Sozialwesen gibt. Der technologisch möglich gewordene Lebensstandard hat uns an eine Normalität gewöhnt, in der das Mitgefühl, die Sympathie für Menschen, die nicht an dieser Normalität teilhaben können, nicht mehr eingeübt werden kann. Weil uns die Nähe zu Menschen und Lebensverhältnissen fehlt, in der wir die Zuwendung zu sozial Isolierten lernen können, versäumen wir es auch, die Geduld für diejenigen, die in unserer Nähe in die Isolation geraten, zu entwickeln. Dieser Teil der sittlichen Bildung wird offenbar nicht mehr ausgebildet. Er scheint überflüssig zu sein. Die Vermutung, daß bestimmte Leiden vermeidbar sind, macht uns denjenigen gegenüber interesselos und damit ungerecht, die sie tatsächlich erdulden müssen.

Ähnliches gilt auch für die Leiden vor dem Tod und im Sterben. Die Intensivmedizin hat den Tod nicht besiegt, ihm aber doch einen Stachel genommen. In gewisser Weise muß niemand mehr vor dem Tod und im Sterben unerträgliche Schmerzen ertragen. Wo die Intensivmedizin nicht mehr helfen kann, gibt es die Alternativen von Palliativmedizin,

Sterbebetreuung und Sterbehilfe. Sie sind am Ende des Lebens inzwischen unverzichtbar geworden. Den Tod von Angehörigen können wir kaum mehr zu Hause, im Kreis der Familie erleben. Wir haben kaum noch die Möglichkeit, die Mitmenschlichkeit gegenüber Sterbenden einzuüben, weil das Sterben zu Hause durch das Sterben in der Klinik ersetzt wurde. Die Ethik hilft, darüber nachzudenken, wieviel Humanität durch die technologischen Entwicklungen verlorengehen kann, weil sie scheinbar überflüssig ist, und wie wir sie wiedergewinnen können.

Gerecht und ungerecht

Die Mischung aus moralischem Gefühl und Urteilsfähigkeit, die nötig ist, um zwischen „gut" und „schlecht" unterscheiden zu können, brauchen wir auch bei der Unterscheidung zwischen „gerecht" und „ungerecht". Menschen entwickeln früh ein Gefühl für Gerechtigkeit. Oskar fand es z. B. immer ungerecht, daß er die Sachen seines älteren Bruders tragen mußte. Später merkte er dann, daß es aus der Sicht seiner Eltern gerecht war, mit dem wenigen Geld, das sie hatten, sparsam umzugehen. Der Gerechtigkeitssinn ist nicht nur beim jungen Oskar leicht verletzbar. Wer findet es schon gerecht, daß die anderen mehr besitzen, leistungsfähiger und gesünder sind oder mehr Ansehen genießen als man selbst? Zu leicht mischt sich der Gerechtigkeitssinn mit Gefühlen der Unzufriedenheit, der Mißgunst, des Neides, der Gier und der Eigensucht. Deswegen muß das vernünftige Urteil über das, was „gerecht" ist, den Gerechtigkeitssinn korrigieren und diesem moralischen Gefühl seine richtige Form geben. Leicht ist das allerdings nicht, weil es ganz unterschiedliche Grundformen oder Maße für das, was „gerecht" bedeutet, gibt, die sich nicht konfliktfrei zu einem gerechten Ganzen mischen lassen. Wir übersehen im übrigen oft, daß es überhaupt nur Sinn hat, in rechtsstaatlich verfaßten Gesellschaften zu fragen, was „gerecht" bedeutet, sonst ist schon die Frage unsinnig. Nur wenn das geltende Recht und die Gesetze in einer Gesellschaft gerecht sind, kann es in ihr Gerechtigkeit geben.

Es gibt zwei verschiedene Maße für das, was „gerecht" bedeutet. Einmal die Gleichheit aller Menschen, dann aber die Ansprüche, die sie sich durch ihre Leistungen erwerben, die sogenannte Verdienstlichkeit. Wie schwierig die Mischung dieser beiden Maße sein kann, zeigen z.B. die Steuergesetze, die fast überall Höherverdienende stärker belasten als die anderen. Für die Menschen mit geringerem Einkommen und für die Gesellschaft insgesamt ist es gerecht, daß die Besserverdienenden mehr Steuern zahlen. Die Besserverdienenden meinen vielleicht, daß sie durch höhere Steuern für ihre größere Leistungskraft ungerecht behandelt, ja bestraft werden. Da irren sie. Sie können nämlich nur aufgrund ihrer Anlagen, ihrer Ausbildung, oft auch aufgrund ihrer Herkunft mehr als die anderen leisten. Deswegen sind ihre Leistungskraft und ihr Einkommen nicht ihr alleiniges Verdienst. Sie hatten Glück und verdanken ihre besseren Chancen dem Bildungswesen, ihrer Begabung, ihren Eltern und ihrer Gesundheit. Das sind Geschenke, die ihnen zufielen, die sie allerdings auch aktiv nutzen. Es ist daher einerseits gerecht, daß sie gerade wegen der Ungleichheit zwischen ihren Leistungen und denen der anderen auch steuerlich ungleich behandelt und stärker belastet werden. Andererseits ist es gerecht, daß sie aufgrund ihrer Leistungen das genießen können, was sie sich erarbeitet haben.

Wieviel mehr Steuern sie zahlen müssen als die anderen, ist dann aber wieder eine Frage des gerechten Maßes, über das man sich streiten kann. Verdienstlichkeit und Gleichheit schließen sich also nicht aus. Sonst wäre Gerechtigkeit angesichts der Ungleichheit der Menschen gar nicht möglich.

Wenn wir uns all das anschauen, was gerecht sein soll und ungerecht sein kann, z. B. rechtliche Entscheidungen, die Verteilung von Gütern wie Arbeit und Geld, von Chancen der Bildung und Lebensführung, wundern wir uns nicht, daß es keinen allgemeinen Maßstab für alle diese Ansprüche gibt. Es gibt weder ein perfektes noch ein allgemeines Maß der Gerechtigkeit. Dennoch sehen und wissen wir, wenn eine Entscheidung ungerecht ist.

Seit der Antike ist das Dilemma bekannt, daß gerechte Gesetze ungerechte Entscheidungen nicht verhindern können. Deswegen warb etwa Aristoteles für die Billigkeit als ein zusätzliches Maß, mit dem rechtlich mögliches Unrecht vermieden werden sollte. Nehmen wir z. B. an, der Junggeselle Oskar ist wie seine alleinerziehende Nachbarin mit der Miete im Verzug. Nach einer gewissen Zeit kann aus rechtlichen Gründen beiden gekündigt werden. Das wäre der alleinerziehenden Frau gegenüber sicher nicht im selben Maß gerecht wie gegenüber Oskar. Das Maß der Billigkeit würde in einem solchen Fall empfehlen, die beiden Schuldner trotz der gleichen Schuld nicht gleich zu behandeln und der Nachbarin mit mehr Geduld zu begegnen als dem Junggesellen Oskar. Die Billigkeit ist im Unterschied zur Gleichheit und Verdienstlichkeit allerdings ein Maßstab, der ganz in der Hand dessen liegt, der entscheidet. Deswegen ist besonders viel Klugheit und Zurückhaltung erforderlich, um diesen Maßstab nicht zu mißbrauchen.

Nicht immer ist der Konflikt zwischen Gleichheit und Verdienstlichkeit zu lösen. Nehmen wir an, in einer Schulklasse sind ein Viertel der Schülerinnen und Schüler sehr begabt und fleißig, die anderen dagegen kaum oder nur mäßig. Die einen lernen rascher als die anderen. Wenn das Lerntempo entsprechend der Verdienstlichkeit (Begabung plus Fleiß) der besonders Lernfähigen hoch ist, werden die anderen benachteiligt und lernen gar nichts. Wenn sich das Lerntempo der Gleichheit entsprechend an den Schwächsten orientiert, ist es langsam, zu langsam für die besonders Begabten. Sie könnten in derselben Zeit wesentlich mehr lernen. Es gibt, wenn alle diese Kinder in derselben Klasse bleiben, keine gerechte Lösung. Schließlich haben alle den gleichen Anspruch auf Förderung, und dieser Anspruch würde bei hohem Lerntempo entweder bei den einen oder bei niederem Lerntempo bei den anderen verletzt. Lediglich die Trennung in Begabte und weniger Begabte sorgt für ein Lerntempo, das jedem der beiden Gruppen gerecht wird. Es ist aber auch dann nicht sicher, ob diese Trennung wirklich gerecht ist. Das höhere Lerntempo könnte sich für den einen oder anderen Unauffälligen als Anreiz auswirken, sich stärker als bisher zu bemühen. In der Gruppe, in der er ist, hätte er diesen Anreiz nicht und würde eine Chance, mehr aus sich zu machen, verpassen. Es ist darüber hinaus fraglich, ob eine Trennung der Schülerinnen und Schüler in Begabte und weniger Begabte für letztere nicht diskriminierend und damit ungerecht ist.

Obwohl es keinen allgemeinen und keinen perfekten Maßstab der Gerechtigkeit für alle Fälle gibt, in denen sie gefordert ist, gibt es doch einen Grundgedanken, der uns verstehen hilft, um was es geht. Es geht bei fast allen Fragen der Gerechtigkeit um eine Schuldigkeit. Wenn ich z.B. wissen will, ob es gerecht oder ungerecht ist, Überstunden zu machen oder eine bestimmte Extremsportart zu betreiben, muß ich mich nur fragen, was ich mir selbst und anderen gegenüber schuldig bin. Vielleicht bin ich es meiner Familie schuldig, weder das eine noch das andere zu machen, weil sie einen Anspruch auf meine Fürsorge, meine ganze Aufmerksamkeit und meine gesunde Lebensführung hat. Dann wäre es ungerecht, dennoch Überstunden zu machen oder viel Zeit mit Extremsport zu verbringen und gesundheitliche Risiken einzugehen. Nicht jeder ist sich und anderen gegenüber aber das gleiche schuldig. Der Junggeselle Oskar wird die Frage, was er sich und anderen schuldig ist, anders beantworten als seine alleinerziehende Nachbarin. „Schuldigkeit" bedeutet nicht notwendig „Schuld" im moralischen oder rechtlichen Sinn. Auch wenn jemand sich und anderen gegenüber etwas schuldig bleibt, muß er keine Schuld auf sich geladen haben. Der Übergang vom Jemandem-etwas-schuldig-Bleiben zum Ihm-gegenüber-schuldig-Werden ist aber fließend. Auch die zeitliche Dauer spielt eine Rolle. Wenn ich längere Zeit meiner Familie gegenüber Aufmerksamkeit schulde und durch zu hohe berufliche Beanspruchung krank werde, kann aus meinem ungerechten Verhalten durchaus Schaden und Unrecht entstehen.

Die Frage nach dem, was wir anderen schulden, können wir auch stellen, wenn es um Gerechtigkeit gegenüber künftigen Generationen geht. Wir können jetzt schon sagen, daß wir es künftigen Generationen schuldig sind, heute dafür zu sorgen, daß die Umwelt und die sozialen und wirtschaftlichen Verhältnisse, in denen sie leben werden, nicht zu sehr durch unser gegenwärtiges Verhalten belastet werden. Schulden und Umweltschäden, die wir heute verursachen, belasten das Leben künftiger Generationen nicht nur, sondern überfordern es. Wir kennen das für unsere nachfolgenden Generationen ertragbare Maß nicht genau. Deswegen ist es ihnen gegenüber gerecht, jetzt dafür zu sorgen, daß die Belastungen für sie so gering wie möglich sein werden.

Nicht alle Fragen der Gerechtigkeit lassen sich über die Frage nach der Schuldigkeit klären. Wenn ich z.B. jemandem ein Geschenk mache, kann es durchaus sein, daß ich ihm oder ihr damit gerecht werde, weil sie es verdient. Um eine Schuldigkeit handelt es sich dabei aber nicht. Auf Geschenke oder die Zuneigung anderer hat niemand einen Anspruch, aus dem man eine Schuldigkeit ableiten könnte. Geschenke und Zuneigung können dennoch dem Beschenkten gegenüber gerecht sein. Wer aber beschenkt wurde, ist dem Schenkenden gegenüber Dank schuldig, obwohl er nicht um das Geschenk gebeten hat.

Menschenwürde

Wir Menschen können unser eigenes Leben und das anderer durch vielerlei absichtliches und unabsichtliches schlechtes Handeln gefährden – durch Gewalt gegen uns selbst und gegen andere, aber auch durch fahrlässiges, unbedachtes Tun. Die Folgen sind Schmerzen, seelische und gesundheitliche Schäden, im schlimmsten Fall der Tod. Solche Gefahren für Leib und Leben können aber übertroffen werden von der Verletzung der Menschenwürde. Den Schutz der unantastbaren Menschenwürde durch die Politik fordert der Artikel 1 des Grundgesetzes der Bundesrepublik Deutschland. Die menschenverachtenden Verbrechen des Völkermords an Juden, Sinti und Roma, der ungezählten Morde an Kriegsgefangenen, an bekennenden Christen, an Theologen, an Publizisten, an politischen Gegnern, an Homosexuellen und an Behinderten durch die deutschen Nationalsozialisten hatten die Väter und Mütter des Grundgesetzes vor Augen, als sie den ersten Artikel formulierten. Es sollte in Zukunft die erste und wichtigste Aufgabe der Politik sein, solche Verbrechen gegen die Menschlichkeit unmöglich zu machen.

Die Menschenwürde wird nicht nur durch die unmittelbaren Folgen jener Verbrechen – den millionenfachen Tod – verletzt, sondern durch die Zerstörung der Menschlichkeit. Nicht der gewaltsame

Tod an sich verletzt die Würde, sondern seine Organisation und Durchführung, die menschenverachtenden Motive und die Zerstörung der Menschlichkeit der Opfer, solange sie noch leben. Selbst die Menschlichkeit der überlebenden Opfer und ihrer Nachkommen, aber auch die Menschlichkeit der Täter, die den verbrecherischen Befehlen folgten, und die von deren Nachkommen wurden verletzt oder zerstört. Es ist nicht leicht, in Gedanken das nachzuvollziehen, was „Entmenschlichung" und „Zerstörung der Menschenwürde" bedeutet. Menschen haben dann ihre Menschenwürde verloren, wenn sie die Achtung vor ihrem eigenen Leben und dem Leben anderer verloren haben, wenn sie nicht mehr fähig sind, in ihrem Leben einen guten Sinn zu erkennen, wenn sie nicht mehr die Kraft haben weiterzuleben. Es wird nicht notwendig das leibliche Leben, sondern der Selbstwert, die Selbstachtung, die Achtung vor dem anderen, der Lebenswille und der Lebenssinn zerstört, ganz zu schweigen von der Lebensfreude und der Fähigkeit, sich und andere zu lieben.

In vielen öffentlichen Auseinandersetzungen berufen sich Menschen heute auf die Menschenwürde in der Sorge, daß sie z.B. durch wissenschaftliche Experimente, bei denen Embryonen verbraucht werden, verletzt werde. Sie verweisen nicht nur auf das Grundgesetz, sondern auch auf Immanuel Kant, der davon sprach, daß die Würde eine „Heiligkeit" habe und ein „innerer Wert" sei. Den Grund für die Würde sah er in der „Autonomie", d.h. in der Fähigkeit, sich mit Hilfe der Vernunft ein moralisches

Gesetz selbst aufzuerlegen. An diesem hohen Anspruch können sich Menschen wie an einem Ideal moralisch orientieren. Ihn auch zu erfüllen dürfte zu schwer sein, als daß es eine Bedingung dafür sein könnte, daß Menschen tatsächlich Würde haben. Kants Ideal enthält aber auch den Anspruch der menschlichen Selbstachtung: Menschen sollen sich und andere niemals nur als Mittel, sondern immer als Zwecke an sich achten. Ein Zweck an sich hat nach Kant einen absoluten Wert, der durch nichts relativiert werden darf. Auf die eben erwähnte Sorge übertragen würde dies heißen: Menschen dürfen nicht als Mittel zu beliebigen Zwecken gebraucht werden. Sie dürfen also nicht zu medizinischen oder anderen Zwecken instrumentalisiert werden. Es ist über diesen Umweg des Verbots der Instrumentalisierung denkbar, daß ein Verstoß gegen die Menschenwürde vorliegt, wenn das Leben von Embryonen lediglich als ein Mittel zum Zweck wissenschaftlicher Experimente betrachtet wird. Allerdings müßte dabei vorausgesetzt werden können, daß Embryonen tatsächlich Menschen sind und daß deswegen bei den Experimenten Menschen getötet würden. Ebendies ist aber umstritten.

Das Verbot, menschliches Leben zu instrumentalisieren, ist durch die Verpflichtung zum Lebensschutz ethisch ähnlich begründet wie das Verbot, Menschen zu töten, es sei denn in Notwehr. Deswegen geht es bei den Auseinandersetzungen um Experimente mit Embryonen genaugenommen um den Lebensschutz und nicht um die Menschenwürde, die vom Artikel 1 des deutschen Grundgesetzes geschützt wird. Experimente mit lebenden Menschen, wie sie in Konzentrationslagern von Ärzten durchgeführt wurden, zerstörten tatsächlich die Menschenwürde mit den eben beschriebenen Folgen. Embryonen können die Achtung vor ihrem eigenen Leben durch entwürdigende Behandlung nicht verlieren, weil sie noch kein eigenes Leben haben. Die Ansprüche des Lebensschutzes sind nicht identisch mit denen der Menschenwürde. Verstöße gegen den Lebensschutz, wie im Fall der Abtreibung, können unter bestimmten Bedingungen straffrei bleiben, Verstöße gegen die Menschenwürde dagegen nicht. Die Menschenwürde duldet keine Einschränkungen.

Der Schutz der Menschenwürde bezieht sich auf Ansprüche lebender Menschen, auf deren Selbstachtung, auf ihre leibliche und seelische Unantastbarkeit, auf ihren Lebenssinn und Lebenswillen. Diese Ansprüche werden auch heute weltweit an lebenden Menschen verletzt, sei es durch Gewalttaten und Terror, sei es durch Armut und Hunger, sei es durch wirtschaftliche und politische Entwicklungen, die zur Entwurzelung vieler Menschen und ihrer Entmenschlichung führen. Der Artikel 1 des Grundgesetzes mahnt uns und unsere Politiker, im eigenen Land aufmerksam gegenüber Verletzungen der Menschenwürde zu sein. Das demokratische, rechtsstaatliche System der Bundesrepublik kann nur den Schutz der Menschenwürde durch Politik und Rechtsprechung garantieren. Einzelne Verstöße können dadurch nicht verhindert werden. Zum Schutz der Menschenwürde genügt es nicht, den Blick auf die Länder der Dritten Welt, auf Unrechtsregime oder Terrorgruppen zu richten. Auch in unserem Land können Menschen durch Hunger und unverschuldete Armut ihre Selbstachtung verlieren und auf Dauer unter Entmenschlichung leiden. Unmittelbare Täter, die dafür verantwortlich gemacht werden könnten, gibt es nicht. Es gibt also auch ohne Täter Verletzungen der Menschenwürde.

Wenn es um den Schutz der Menschenwürde geht, genügt es daher nicht, Menschen vor möglichen Tätern, sondern auch vor den Folgen sozialer Entwicklungen zu schützen, gegen die sie sich aus eigener Kraft nicht wehren können. Das Sozialsystem der Bundesrepublik Deutschland ist diesem Würdeschutz verpflichtet und schützt Menschen bisher davor, den Folgen sozialer Entwicklungen, die sie selbst nicht zu verantworten haben, ausgeliefert zu sein. Die Knappheit der Steuermittel stellt diesen Würdeschutz nicht unmittelbar, aber doch mittelbar in Frage, wenn das Niveau staatlicher Zuwendungen für dauerhaft Erwerbslose und Erwerbsunfähige immer mehr gesenkt wird.

Der Schutz der Menschenwürde schließt nicht zuletzt die körperlich und geistig Behinderten, die nicht allein lebensfähig sind, Kleinkinder ohne Eltern, aber auch Schwerkranke ein. Sie alle haben einen Anspruch darauf, menschenwürdig zu leben, ebenso wie Sterbende einen Anspruch darauf haben, in Würde zu sterben. Der Würdeschutz soll diese Menschen ebenso wie alle anderen davor bewahren, ihrem Schicksal hilflos ausgeliefert zu sein. Dies ist der Sinn des Würdeschutzes.

Register